これだけ!
PDCA

必ず結果を出すリーダーのマネジメント4ステップ

川原慎也

すばる舎リンケージ

はじめに

「目標を達成するためには、PDCAをうまく回していかねばならない」

ビジネスの世界に足を踏み入れて、経験を積んでいくうちに、誰もがPDCAの大切さを理解していきます。ましてやたとえ少ない人数でも部下を持つようになれば、さらにその思いは強くなることだと思います。

しかし、現実には多くのリーダーがなかなかうまくできずに悩んでいます。

デフレ、少子高齢化、人口減少、現在のビジネスを取り巻く環境は厳しいと言わざるを得ません。高い目標を掲げてはみるものの、なかなか達成できるイメージが湧かずに、大きなストレスを抱えているリーダーも増えてきています。

しかし、私はこのように考えています。

「厳しい環境だからこそ、作戦を考える仕事は楽しい」

成功のための条件が厳しければ厳しいほど、逆にありとあらゆる可能性を考え、試行錯誤するやりがいがあると言えるでしょう。

皆さんも重々感じているように、現在は高度経済成長期やバブルの頃のように、普通にやっていればある程度の結果が出せるような環境ではありません。

勝つための作戦を考え抜いて実行している会社・チームこそが、結果を出せるのです。勝つための作戦とは、ＰＤＣＡで言うところのＰ「計画」のことであり、計画を作り込む重要性がどんどん増してきているということです。

勝てるイメージを持てないまま、「やる気が大事だ」、「根性だ」、「とことん頑張ってみよう」などと声を上げても、結果が出なければ単に苦しいだけの話です。

ところが、「こうやって戦えば勝てるのではないか」という作戦を練り上げていれば、たとえうまくいかなくても、「あれ、どこが間違っていたんだろう？」「この部分の想定が甘かったかも知れない」と振り返って、作戦を立て直そうと自然に動くものです。

本来、「作戦を立てる」という作業は、もっとも頭を使うところです。なかなかアイデアが出なくて、苦労することもあるでしょう。

しかし、作戦を練り込んでいく中で、だんだんと勝てるイメージが湧いてくると、それは**数ある仕事の中でも、もっとも楽しい作業**になります。その楽しさを、現場で頑張るリーダーの方々に知ってもらいたいと思い、執筆に取り組んできました。

本書では、第1章でPDCAをなぜうまく回すことができないのか、その原因について解説した後、P、D、C、Aそれぞれを実践するポイントを説明していきます。

本文中には、より理解を深めていただくために、多数の事例を挙げさせていただきました。

私自身、とてもスポーツが好きなこともあり、スポーツの事例がやや多く、あまりご存知ない方にとっては少しわかりづらい部分もあるかも知れません。その場合は、「このスポーツではそんなものなのか」と読み流していただければ幸いです。

PDCAサイクルが回れば、チーム全員で勝てるイメージを共有して結果を出すことは、そう難しいことではなくなります。

本書によって、今よりもワンランク上の成果が出せる、そんなリーダーが増えることを心から祈っています。

2012年7月吉日

川原　慎也

◎これだけ！　ＰＤＣＡ　もくじ

第１章

なぜＰＤＣＡが回らないのか？

第2章

〈Plan〉計画策定段階で勝負は90%決まる

第３章

〈Do〉実行段階のジレンマ

第４章

〈Check〉改善策が見えてくる！　評価の進め方

第５章

〈Action〉次の計画につなげるステップ

装丁 ―― 遠藤陽一（デザインワークショップジン）
本文図版 ―― 李佳珍

第１章

なぜＰＤＣＡが回らないのか？

ビジネスパーソンとして仕事をする中で、必ず１度は耳にする「ＰＤＣＡ」。マネジメントサイクルの基本、ごくごく当たり前のことと言われながらも、なぜか実践できていない人が多いようです。

第１章では、多くの人がつまずいているであろうポイント、実践できない背景を探ってまいります。

当たり前のことが、当たり前にできない!?

チームで成果を出すにはマネジメントスキルが必須

「自分にも部下がつくことになりました」

私は、これまでに数多くの新リーダーからこのような報告をもらいました。

仕事をしていく中で、経験を積み、たとえ数名であっても自分に部下ができるというのはすごく嬉しい瞬間のようです。働いている会社において「自分の仕事が認められた」という実感を持てる瞬間でもあるからです。

しかし、喜んでいられるのも束の間、部下を持った瞬間から、上司には〝**マネジメント**〟というスキルが新たに要求されるようになります。

それまでは、自分の成果を上げることに集中していればそれなりの評価を得られていたのに、突然、**組織としての成果を上げなければ評価されない立場になった**わけです。

プロスポーツの世界では、「名選手、必ずしも名監督にあらず」と言われています。現役時代には華々しい活躍をしていた選手でも、監督になったときにチームを強くできるとは限らないことからきている言葉です。特に、現役引退直後に監督を任されたりするケースだと、そこそこ自分の体が動くこともあって、「なぜ、(自分にはできる)これくらいのことができないの?」という前提で指導をしてしまい、結果として選手との間に溝をつくってしまうことが往々にしてあるようです。

一方で、現在スペインのプロサッカーリーグに所属するレアル・マドリードを率いているモウリーニョ監督のように、選手としてのキャリアを全く持っていなくても、あらゆるチームで成果を出す監督もいます。

個人の成果を出すことと、チームの成果を出すことは全く別次元の話なのです。

これは、スポーツの世界に限ったことではなく、私たちビジネスの世界においてもそのまま当てはまる話だと思ってください。

チームの成果を出すために必要なスキルが、〝マネジメント〟スキルです。

「〝マネジメント〟スキルなんて難しそうだなあ」と思われる方もいるかも知れませんが、安心してください。

あの『もし高校野球の女子マネージャーがドラッカーの『マネジメント』を読んだら』（岩崎夏海・著、ダイヤモンド社）、通称「もしドラ」で、女子高校生の野球部のマネージャーが勘違いで手に取った本のタイトルが、正にこの『マネジメント』です。彼女は『マネジメント』を読み、そこから得たヒントを元にチームを強くし、見事弱小チームを甲子園出場にまで導きます。この本はフィクションですが、この野球部のように、一つの目標に向かって組織を運営するために、自然とマネジメントはされているはずです。ただ、「マネジメント」という言葉を使っていないだけで、本来はとても身近なものなのです。

○ マネジメントに役立つPDCA

その**マネジメントの手法の一つ**に、この本のテーマである**「PDCA」サイクル**があります。

Plan（計画を立てる）→**Do**（実行する）→**Check**（実行した結果を評価する）→**Action**（うまくいっていないところを改善する）というサイクルを回していくことで、これまで以上の成果を出すことができるという考え方です。

「計画を立てて、実行して、それを振り返って、もっと上手なやり方をする」

ＰＤＣＡサイクル

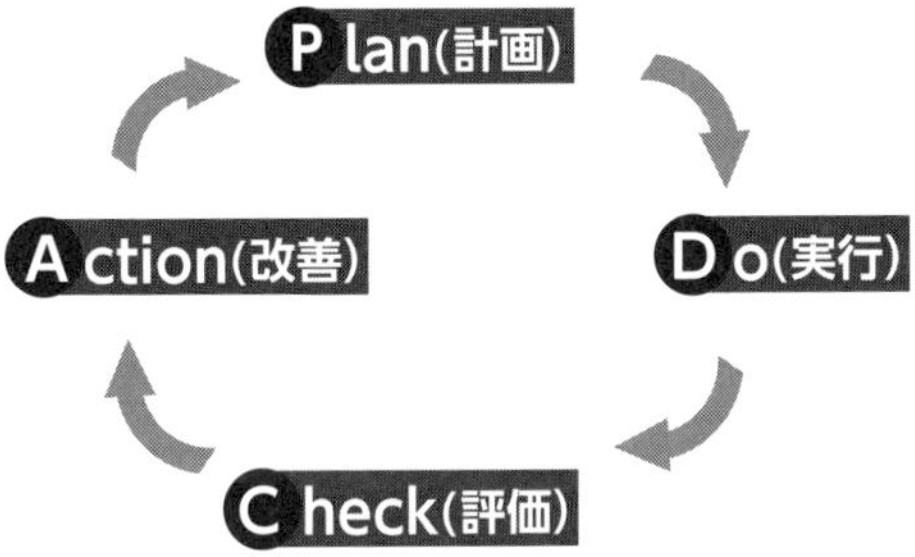

ＰＤＣＡサイクルを回していくことで、
成果は出せる！

「なんだ、当たり前じゃないか」と思ったかも知れませんが、それで良いのです。新しい考え方ではありません。

しかし、注意は必要です。この極めて当たり前の考え方が、長い間廃れることなく言われ続けているのには理由があるはずです。それは何でしょうか。

当たり前だと感じたことからもわかるように、かなり的を射た（＝本質的な）考え方だということがありますが、一方で、**当たり前にも関わらず、使いこなせているリーダーがほとんどいない**、という実態があるからなのです。

この章では、当たり前が当たり前にできない理由を押さえていきましょう。

1 全ての原因は「計画のダメさ」にアリ

PDCAが実践できない理由

コンサルタントとして仕事をするようになって13年、様々な企業の方とお付き合いをしてきました。その中には、東証一部上場の超大手企業もあれば、従業員が数名の企業もあります。とはいえ、**どんな企業規模であってもPDCAが重要**なのは言うまでもありませんし、PDCAの重要性について異論を挟まれたこともありません。

しかし、PDCAを上手に回しているという話も、残念ながらほとんど聞いたことがありません。

「ビジネスでは当たり前だし、やろうやろうとしていますが、なかなか思うようにいかないんですよ。特にウチの会社は、風土として振り返り（C）と改善（A）がない。計画立てて（P）、実行して（D）、また次の計画立てて（P）、実行（D）する、P→D、

Ｐ→Ｄの繰り返しになっています」

実に不思議な話ですが、「自分の会社の特性としてＰＤの繰り返しになってしまっている」という意味のコメントを、たくさんの会社の方から聞くのです。

誰もが「当たり前だ」「実践すれば仕事はうまく回る」とわかっているにも関わらず、実際に取り組んでみると「できない」という話になってしまっている。

いったい何が起こっているのでしょうか。

数多くの方々から話を聞いているうちにわかってきたのは、「**そもそも計画が作れていない**」ということです。

例えば営業・販売系の仕事では、こんなことが起きています。

「来期の計画については、今期に引き続き大変厳しい経営環境の中で戦っていかなければならないことを考慮すると、当然大きな伸びは期待できそうもない。よって、今期とほぼ同じ数値目標を必達目標として目指していこうと考えます」といった前提で計画を立てたりします。

そのこと自体が悪いわけではありませんが、根拠の薄い数値目標が並べられているだけで、その数値目標を「どうやって」達成するのかという行動レベルにまで落とし込まれていないケースがほとんどなのです。

一応、その数値目標を月別、商品別、営業（販売）担当別に落とし込んでいたり、あるいは販促やイベントの予定などが表記されていたりするので、「計画らしきもの」にはなっていますが、このレベルではＰＤＣＡのスタートとなる計画とは言えません。

もちろんこれは、営業・販売系に限った話ではありません。

開発、企画、生産、総務、人事、経理、情報システム等々、あらゆる仕事において「計画らしきもの」が、あたかも計画のように思い込まれています。

○なぜ偽物の計画になってしまうのか

では、「計画」と「計画らしきもの」は、どこが違うのでしょうか。ＰＤＣＡにおける**「計画」とは、目標を達成するために、「何を」「誰が」「いつまでに」「どうやって」実行するのか**、が見えていなければなりません。一方、**「計画らしきもの」には、「何を」と「いつまでに」はあっても、「誰が」と「どうやって」がほとんど明らかになっていない**のです。

なぜ、このようなことが起きてしまうのでしょうか。理由は二つあります。

(1)計画を作るタイミングが悪い

一つは、計画を作るタイミングです。

どんな会社であれ年に1回の決算というタイミングがあります。来期の計画を作るタイミングを振り返ってみてください。大体、決算月の1～2カ月前になっているのではないでしょうか。この時期は決算に向けて最後の追い込みをかける時期でもあります。自ずと今期決算の着地に向けた業務が優先され、**来期の計画についてじっくり考える時間が思うように取れない**、というのが実態でしょう。

よって、最低限の体裁を整えた「計画らしきもの」で何とか乗り切ろうという考え方になっていきやすいのではないでしょうか。

(2)計画を承認する組織構造に問題アリ

二つめは、計画を承認する組織上の問題があります。

会社全体の計画をまとめていく上では、**各部門の計画についてまで、一々上層部が検討することはありません**。全体戦略を推進する上でのヌケモレはないか、特に強化すべき施策に関する資源配分は十分か、といったレベルの方が重要な視点なのです。

PDCAがうまくいかない理由

そもそもPに問題アリ！

① 計画を作るタイミング

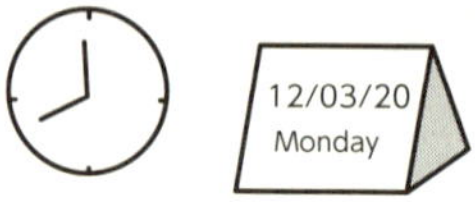

期末に作ることが多い＝決算に向けての追い込みの時期。計画策定に割く時間がない

② 組織構造

上層部で「計画」のみの是非が問われ、現場レベルの細かいチェックが行き届かない＝実現の可能性が低い計画が出来上がる

起点となる「P」が不十分では
P→D→C→Aが回るはずもない

つまり、「何を」、「いつまでに」があれば議論するには十分なので、本来不可欠な要素である「誰が」「どうやって」に関しては各部門単位で考えれば良いと考えているのです。

(1)と(2)の要素が相まって、「計画らしきもの」をあたかも「計画」のように位置づけたマネジメントが行なわれており、そもそもPDCAがスタートでつまずいているというのは、これらのことを指しています。

まずは、**「計画」そのものを作れていないという事実に気づくこと**が大切です。

2

Pを邪魔する〝成果主義〟という名のモンスター

人は評価されるように動く

評価制度の運用方法を間違えてしまい、あるべき「計画」作りを妨げてしまっているケースが多々あります。

その背景として、終身雇用や年功序列賃金という高度経済成長を牽引してきた制度が崩壊し、成果主義という考え方が導入されて以降、**「評価されるようにしか動かない」社員が増加**してきたことがあります。

そもそも成果主義は、終身雇用と年功序列賃金によって生じていた、貢献度の高い社員もそうでない社員も待遇面では大した差が出ないという弊害を打開するため、つまり、貢献度の高い社員のモチベーションを向上させる目的で取り入れられた制度です。

この目的に関しては、多くの方が賛同するのではないでしょうか。

ところが、実際に運用する場面になると、様々な問題が出てきました。

例えば、成果主義的な評価方法の一つに、「自ら目標を掲げさせて、その達成度合いをもって評価をする」というものがあります。この方法のそもそもの狙いは、会社や上司に与えられた目標ではなく、個々の社員自らが目標を設定して挑戦することにあり、結果としてモチベーションを向上させることにつながると考えられていました。

しかし現実はどうでしょう。目標に対する達成度合いが評価されるため、**自分の評価を下げないために、目標自体をなるべく低めに設定する**、といったことが頻繁に起こっています。

評価の期間についても同じような話が出てきます。

評価の対象期間は長くても1年間、短ければ半期や四半期といった期間になるのが通常です。つまり、その対象期間（1年、半年、3カ月）の中で何らかの成果を出さなければ、評価にはつながらないという事実があります。

そうなると評価される側はどうするでしょう。

成果が出るまでに長い期間を要するような仕事は、「今期中に成果が出ないなら自分にとっては損（＝今期の評価が下がる）」という意識になってしまい、計画の俎上《そじょう》にすら上がってこなくなるわけです。

短期的な業績にはつながらなくても、会社の将来のために今やるべき仕事は必ず存在しますが、そういう重要な仕事に対する動機づけができなくなっているのです。

自分の評価にならないなら、手を貸したくない

成果主義に基づく評価は、組織の一体化に対しても影響を及ぼします。

皆さんの会社はいかがでしょうか。

自分の所属している部門と他の部門の連携はうまくいっているでしょうか。

実は世の中の企業のほとんどが、部門間の壁を取り除いて、組織全体が一体化しなければならないという課題を持っています。

ところが成果主義的な評価制度は、責任の範囲を明確にする意味においても、個人評価、部門評価、といったところに重点を置いた形になってしまいます。

自分以外の社員が成果を上げても自分の評価にはつながらない、自分の所属部門以外の部門が成果を上げても自分の評価にはつながらないことから、組織の枠を超えて連携した方が良いと思われることも、なかなかテーマとして表に出てきません。

成果主義的な評価制度の弊害

① 低い目標設定

→目標の達成度合いが評価に直結するため、容易に達成できそうなことしか計画しない

② 長期スパンの事業の回避

→成果を出すまでに時間がかかるものは、そもそも計画に入れないようにしてしまう

③ 非協力的な空気

→部門ごと、個人ごとの評価では、それぞれの枠を超えて連携・協力が必要なものは評価してもらいにくいため、計画しない

そもそも会社全体の業績が上がらなければ、給与アップにはつながらないことを理屈では理解していても、行動にはつながらないわけです。

リーダーはこの成果主義の評価制度がもたらす弊害をしっかりと押さえた上で、どうすればメンバーは動いてくれるのかを考えていかねばなりません。

3 停滞するリーダー・成長するリーダーの違い

一番の差は考え方

リーダーという役割を任されて、自らのさらなる成長とともに、自分のグループや部門を成長させることのできるリーダーは必ず出てきます。一方で、リーダーになるまでは順調に成長していたのに、そこで停滞してしまうリーダーもいます。

この違いは、いったいどこからくるのでしょうか。

船井総合研究所のチームリーダーの事例で説明しましょう。

船井総合研究所の組織の一番小さな単位がチームです。1チームは大体3～5名で構成されていて、そのチームを率いているのがチームリーダーという役職です。チーム数は全社で数十チームにも上り、チームリーダーはその数だけいるというわけです。

チームリーダーの上にはグループマネジャーという役職があり、複数のチームで構成されるグループをマネジメントしています。よって、組織におけるチームリーダーの当面の目標は「グループマネジャーになること」ですが、そこに至るまでの成長スピードは大きく異なります。

もちろん、組織が狙っている領域が成長市場なのか衰退市場なのかも大きな要因にはなりますが、もう一つの要素として、**「どんな考え方で目標を設定しているのか」**が、組織を成長させる大きなポイントです。

〈停滞するリーダーの考え方〉

「今期は厳しい環境の中、何とか目標を達成することができたけど、来期はさらに厳しい状況になりそうだ。だから、チームメンバーはこのまま現状維持で増やさずに、今期にややプラスした目標で何とか乗り切ろう」

つまり、**「今の状態を維持するためには」という思考**のため、新しいチャレンジをしません。現状維持の目標では、現状を下回る成果しか出ないものです。そんな状態ではメンバーのモチベーションも上がらず、チームは停滞していきます。

〈成長できるチームリーダーの考え方〉

「3年間かけて今のチームがグループになっていく基盤をつくるためには、3年後には3億円ぐらいの業績を上げる組織になる必要がある。そのときにはチームメンバーが10名程度必要だから、来期は少なくとも2名増員しなければならない。目標は今期よりも20～30％上げなければいけないけど、新しい仕掛けをしていけば決して不可能な話ではない。ここはぜひとも挑戦してみよう」

このタイプのリーダーは、**「常に上を向いて挑戦していこう」という思考**です。「これからやりたいこと」「近い将来やるべきこと」から目標を組み立てるので、ゴールまでの距離がはっきりと見えています。そのために何をすべきか、どうすればゴールにたどり着けるのかをメンバーに示すことができ、大きな成果を上げることができます。

○……大きな目標を見つめながら、小さな目標を提示できるか

わかりやすいように少し極端な表現にしましたが、決してどちらが良くてどちらが悪いと言いたいわけではありません。

目標達成は、ある意味会社との約束ですから、「できる（＝達成可能性の高い）目標」

を設定して、しっかりと責任を果たすという姿勢も大切なことは確かです。

しかし、現状維持に少しプラスしたぐらいの目標では、大きな成長は望めません。成長スピードを加速させるためには、たとえ達成可能性は低くても、「すべき目標」を設定してそこに向かっていく姿勢が大切です。

リーダーに求められるのは、**「できる目標」と「すべき目標」という二つの視点を持ち、できる目標はそのまま実行し、すべき目標については実現可能な形でメンバーに示していく**ことです。

例えば、突然「エベレストに登ろう」と言われたら、誰でも「ムリです」と答えるでしょう。でも、「近所のあの山に登ってみない？」と聞かれたら、どうでしょうか。「できそう」と思えませんか。

つまり、最終的に達成したい目標と、現状でできる目標の間の距離を測りながら、バランス良くそれぞれをメンバーに提示していくことが必要です。これができるリーダーであれば、メンバーも目標に向かって努力してくれ、自然と結果もついてくるでしょう。

4 目標と目的を混同していませんか?

目標と目的は全くの別物

目標を達成することが、リーダーに課せられた重要な役割であることは言うまでもありません。しかし、**目標を達成することは、リーダー自身の「目的」ではありません。**

例えば、「チームの年間売上1億円」という目標があったとします。でも、それを達成したところで、リーダーの目的が達成されるわけではありません。

リーダーの目的とは、「自分が仕事を通じて目指したいこと」であり、「自分の担当エリアを活性化させたい」「業界全体を元気にしたい」など、自分が何のために仕事を頑張るのか、というモチベーションの元になるものです。

この違いを明確にしていなければ、リーダー自身も、そしてメンバーも、モチベーションを維持することが難しくなってしまいます。

◯……事例① なぜ、なでしこたちは頑張れるのか

サッカー女子日本代表のなでしこジャパンが、2011年のワールドカップで金メダルを獲得したのを覚えているでしょうか。

見事に世界一という偉業を成し遂げた彼女たちには、マスコミからの取材も殺到し、それまで女子サッカーについて関心を持っていなかった多くの人も、その活躍を知るところとなりました。

そして多くの方が驚いたかと思うのですが、このワールドカップフィーバーもまだ収まらないぐらいのタイミングで、すぐにロンドン五輪アジア予選を、しかもかなりの過密日程で戦うことが決定していたのです。疲労もたまっているだろうし、世界一の達成感を味わったばかりの彼女たちの、勝負に対するモチベーションを心配した方も非常に多かったのではないかと思います。

しかし、そんな不安の声を見事に払拭して、なでしこジャパンはアジア予選を見事首位で突破し、ロンドン五輪の出場権を勝ち取ることができました。

この状況を見ながら強く感じたことがあります。

インタビューのコメントを聞いていても度々出てくるのですが、**彼女たちの目的は、「日本の女子サッカーをメジャーなスポーツにすること」**であり、本気でそこに向かっていることが言葉の端々から感じられます。

事実、日本代表と言いながらも、なでしこジャパンのほとんどの選手はさほど高い収入を得ているわけでもなく、中にはほかの仕事をしながら、やりくりをしている選手もいるそうです。国内リーグの試合に関しても、ワールドカップ以前は、ほとんど注目もされていなかったのが現実でしょう。

「自分たちは苦労してきたけれども、サッカーをやりたいと思う女の子が少しでも増えて欲しいし、そのためには子どもたちが夢を持てるような環境を作っていきたい」。そんな〝想い〟が、「女子サッカーをメジャーにする」という目的に込められているのだと思います。

ワールドカップでは世界一を目標に掲げて、それを達成することができました。

ロンドン五輪アジア予選では、五輪出場権獲得を目標に掲げて、それを達成することができました。

どちらもすごいことですが、彼女たちの目的である「女子サッカーをメジャーにすること」は、まだまだ先にあります。

だからこそ、**一つの目標を達成したら、また次なる目標が立てられ、その目標に向かって頑張り続ける**わけで、そこに終わりはありません。

もちろん、今の目標は、ロンドン五輪の金メダルでしょう。

皆さん、よく考えてみてください。

なでしこジャパンのメンバーは、この終わりなき挑戦を続けることに疲れ果てているでしょうか。

もちろん、国民の期待を背負って戦うという大きなプレッシャーはあるでしょう。

しかし、少しずつ目的に近づいている実感は着実に得られていると思いますので、きっと彼女たちは楽しんでいるはずだと思います。

目的とは、ずっと追いかけ続けるもの

理解してもらえたでしょうか。

目的と目標は全く異なる質のものなのです。

目標は、達成できた、あるいは達成できなかったのか、ゴールを明確に判断すること

目的と目標の違い

例）なでしこジャパン

目的

日本の女子サッカーをメジャーなスポーツにすること

目標

・ワールドカップ⇒世界一！
・ロンドン五輪アジア予選⇒五輪出場権獲得!!

目標を達成することが目的ではない！

ができます。

ところが目的は違います。

あるべき姿としてイメージはできると思いますが、**目標ほどの明確なゴールはないので、ずっと求め続けるもの**と言えるかも知れません。

なでしこジャパンの目的である「女子サッカーをメジャーにすること」も、よくよく考えてみると明確なゴールなどなく、少しずつ近づいていくほどに、きっと求めるレベルは上がっていくのではないでしょうか。

目標を達成することが目的ではない。

部下を持つリーダーの皆さんにはぜひとも理解しておいてもらいたいことです。

5 メンバーとのコミュニケーションを軽視してはいけない

目的・目標を共有できている組織は強い

目的と目標の違いがある程度理解できたら、組織を引っ張るリーダーとして考えなければならないのが、目的と目標をどのようにメンバーと共有するか、ということです。

なでしこジャパンが強いのは、目的と目標の両方をメンバーで共有できているからであり、その状態を作ることが強い組織につながることはイメージできるでしょう。

ここでは目標の共有について考えてみます。売上、利益、コスト削減、商品開発、生産、採用、教育、顧客満足、システム導入、販売促進、PR、IR等々、会社や組織ごとに仕事内容の違いはありますが、必ず目標が掲げられています。

ところが多くの会社、特に現場で耳にするのは、「あくまでも会社が決めた目標で、自分たちが決めた目標ではない」という話です。

「達成できそうですか?」という問い掛けをすると、「会社が勝手に決めた目標だから何とも言えないけれども、まあとりあえず頑張ります」といった答えならまだマシな方で、場合によっては、「こんな無茶な目標、達成できるはずがないのに、会社は何を考えているんでしょうか」と最初から諦めムードのコメントも頻繁に耳にします。

そのような会社の経営層に話を聞くと、「まあ達成は難しいと思いますが、そもそも80%程度の達成度合いで御の字と思っているので、大丈夫でしょう」という話だったりします。この裏側には、「どうせ目標達成を真剣に捉えていないのだから、高い目標でお尻を叩きながら落としどころに収める」というイメージがあるのでしょう。

こうなってくると、共有などという話からは程遠く、お互いに不信状態のようにも見えます。目標すら共有できないのであれば、目的といった概念すらないでしょうから、強い組織になどなれないのは言うまでもありません。

○説得や押しつけでは人は動いてくれない

さて、「目標を共有できている状態」とは、一体どのようなものでしょうか。

リーダーの皆さんがメンバーと目標を共有できている状態とは、コミュニケーション

目標を共有するとは

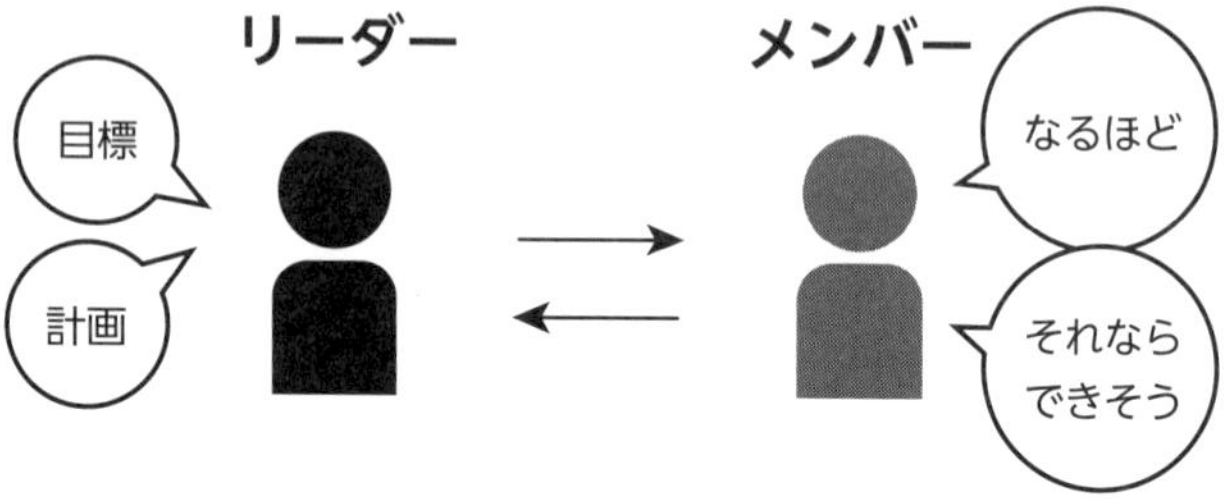

徹底したコミュニケーションを通じて、同じ目標に
向かって「頑張ろう」と合意形成できている状態

とそれに基づく合意形成ができていることを指します。

人を動かすためには、理解してもらい、かつ納得してもらうというプロセスをたどる必要があります。

目標の共有を理解につなげ、計画の策定を納得につなげることで人は動くのです。

もっと受け手の感情を表すような表現をしてみましょう。

理解とは「なるほど、そういうことか」ということ、納得とは「それならできそうだ」ということになります。

だからこそ、**目標を共有する段階で徹底的なコミュニケーションが必要**であり、それがないと合意形成には至らないわけです。

皆さんは、メンバーとどのぐらいのコミュニケーションができているでしょうか。

一点、勘違いして欲しくないのは、ここで必要なのは「説得」ではないということです。メンバーが、「おっしゃりたいことはよくわかりました」とか「会社にとって必要な目標だということは理解しています」などと答えているうちは、「説得には応じます」と言っているだけの話で、合意できているとは言えません。

ここで言う**「コミュニケーション」とは、会議の場での一方的な通達ではなく、本音と本音で話し合える場を用意して、時間をかけて理解してもらうこと**です。

このあるべきコミュニケーションを実行することによって、リーダーは本当の意味で「何のためにその目標を掲げて達成させなければならないのか」、つまり、目的が必要であることに気づくはずです。

6 会社のビジョンは「腹落ち」するまで理解しているか

自社のビジネスの目的を考えてみる

では、目的についてもう少し深く考えてみましょう。

そもそも**企業には「なぜそのビジネスに取り組んでいるのか」という問い掛けに対する理由がある**はずで、それが企業としての目的です。

一つ事例を挙げて説明しましょう。

皆さんもご存知の「iPod」、「iPhone」、「iPad」、といったヒット商品を送り出してきたのがアップルという会社です。そのアップルのトップに君臨していたのが、昨年他界したスティーブ・ジョブズ氏でした。彼は、「マイクロ・プロセッサの進化を通して、人間の知能を、人間の生活を、劇的に進化させるサポートをすること」をアップル社の目的として掲げており、その夢を「世界を変える」という言葉に変えて、従業員のみならず世界の消費者に向けても訴えていました。
病状が悪化した晩年にも、「革新的な創造性がたっぷり吹き込まれ、創業者よりも長生きする会社をつくりたい」と、彼自身が掲げてきた企業としての目的を、自分がいなくなった後も追及して欲しいというメッセージを送っています。

そうです、目的を難しく捉える必要はありません。

〝夢〟という言葉に置き換えても良いですし、企業であれば〝ビジョン〟という言葉にも置き換えられるものです。

そう考えると、どんな企業であってもビジョンは示されているのではないでしょうか。

ビジョンにたどり着くまでのプロセスこそが重要

ただし、一つ注意しなければなりません。
企業のビジョンは、簡潔な文章やキーワードとして示されていることがほとんどです。
アップルの「世界を変える」も、まさに今現在それを具現化する商品を連発して誰もが「そのとおりだ」と思える実績を出しているからこそ伝わるのであって、わずか10年ほど前の、倒産するのではないかと思われていた時期に、従業員と共有できていたかというと、はなはだ疑問に思えます。

ですので、皆さんの会社で掲げられているビジョンを見て、「何だか意味がよくわからない」「あまりにも一般的すぎる」といった感想を持ったとしても、それは当然のことなのです。

私自身、「ビジョン策定」というテーマで企業コンサルティングを行なうことも非常に多いのですが、最終的にビジョンを提示する段階の言葉は、どうしても簡略な表現になります。しかし、そこに至るまでには、ビジョン策定に参加しているメンバーの間で侃々諤々《かんかんがくがく》の議論が展開されます。

「創業するとき、創業者はどんな想いでこの会社を立ち上げたのか」
「現在に至るまでに、どんな苦境を経験し、どうやってそれを乗り越えてきたのか」
「これからどんなカタチで世の中に貢献していくべきなのか」
「仕事を通じて感動する瞬間はどんなときなのか」
「お客さまに対して約束すべきことは何か」
「将来（10年後あるいは20年後）、どんな会社になっていたいか」

このようなテーマを設定し、数カ月かけて議論を積み重ねて、多大な労力を費やしてビジョンという形に集約されますので、少なくとも参加しているメンバーは、一つひとつの言葉、あるいは文章に対して、相当な思い入れを持っています。

よって、大切なのは、**「なぜその文章やキーワードになったのか」というプロセスに関心を持ち、自分自身の腹に落ちるまで理解すること**です。

リーダーが会社のビジョンを、自分の腹に落ちるところまで理解することができれば、たとえビジョンで表現されている言葉が一般的なものだったとしても、メンバーに自分の言葉で説明することができるようになります。

ビジネスにおいて必要な視点として、**「鷹の目」**と**「蟻の目」**の二つの視点があります。

リーダーとしては両方をバランスよく持つことが必要なのですが、経験が浅いうちに「鷹の目」で物事を捉えるのは容易なことではありません。

だからこそ、現場のもっとも近くにいる**リーダーが、企業としての目的を部下の腹にも落ちるようにコミュニケーションを図る**ことは、実は重要な役割の一つなのです。

7 「鷹の目」と「蟻の目」の意識の不足

経営者目線と現場目線のバランス

さて、ビジネスに必要な視点として「鷹の目」と「蟻の目」がある、という話をもう少し説明しておきましょう。

ごく簡単に言ってしまえば、**「鷹の目」というのは経営者的な視点で物事を見る目**であり、**「蟻の目」というのは現場の視点で物事を見る目**、ということです。

だからといって、「鷹の目」が良くて「蟻の目」が悪いということではありません。大切なのは両方の目を持ちながら、いかにしてバランスを取っていくかということです。

例えば、現場からは「仕事量は増えているのに、従業員数は変わらないから、どんどん仕事が大変になってきている。人を増やして欲しい」「ただでさえ今の仕事で一杯一杯なのに、これ以上仕事を増やされてもとてもできない」といった声が上がってきます。

「鷹の目」と「蟻の目」

「鷹の目」
経営者的な目線
上からふかんで物事を見る目

「蟻の目」
現場の視点、当事者の視点で
物事を見る目

こうした声に「それは大変だ、早速採用の手配をしよう」と言えるのは成長ステージにある会社くらいで、現在のように売上が上がりづらい環境下であれば難しいでしょう。

経営者は、「売上、利益が上がっているのなら（あるいは上がる見込みがあるのなら）検討の余地もあるが、それがないならとても人など増やせるはずがない」と考えています。

決して、どちらかが嘘を言っているわけではありませんし、どちらかが間違っているということでもありません。とはいえ、「どうしようもないから放置する」というスタンスでは、何も解決しません。

そもそも問題が発生していることに気づいているのに、その問題を放置してしまっているリーダーでは、メンバーも信頼してくれないでしょう。

現場にもっとも近い管理職であるリーダーは、**「鷹の目」と「蟻の目」のバランスを取りながら、率先して解決策を見出さなければならない**のです。

ここでの問題を冷静に考えてみると、「売上、利益が上がっていないにも関わらず、仕事量が増えている」のは不自然なわけです。

企業によっては、「従業員数を減らしている分、一人当たりの仕事量が増えている」という話になりますが、その場合は恐らく、売上、利益の減少に伴って従業員数を調整しているという話でしょうから、仕事量も減っている（つまり一人当たりの仕事量が大きく増えているわけではない）と考える方が自然です。

よって、問題を解決するためにリーダーがやるべきなのは、「いったい何が起こっているのか」という事実を見極めることです。

問題の本質が見えてくる

今回の例の解決の視点としては、現場の意識として過去から継続して実施してきている業務は本当に必要なのか、一度立ち止まって考えてみることです。

もともと何らかの理由があって実施している業務ですから、あまり深く考えることもなく「やらなければならない」という認識を持っているのではないでしょうか。

現場の方からも、「この業務は（意味がないから）やめるべき」といった声など、ほとんど上がってこないと考えた方が良いでしょう。

だからこそ、現場を熟知し、現場の意見が十分理解できる上に、経営者の意見も汲み取ることができるリーダーが「やめる」という意思決定をしなければならないのです。

それが「鷹の目」と「蟻の目」のバランスを兼ね備えたリーダーです。

この**二つの視点は、組織において何が本質的な問題なのかを発見する**意味においても非常に大切なものになります。

当然、ＰＤＣＡを円滑に回しながら結果を出せるリーダーに共通する能力であると言えるでしょう。

8

自社の戦略意図に基づいた指示を出そう

○……適材適所でやりくりしていく

「鷹の目」と「蟻の目」を意識するようになれば、自ずと立案する計画のベースには、その企業としての戦略がある（なければならない）ことに気づくことになります。

「戦略」という言葉は、人によって様々な意味合いにとられてしまう可能性があるので、もう少し砕けた表現をすると、勝ち抜くための作戦、生き残るための作戦、といったイメージになるでしょうか。

企業は、その時々の状況に応じて、ライバルに何としても勝ち切っていくことを狙うこともあれば、当面我慢しながら財務状態を正常に戻すことを狙うこともあります。

当然、極端な戦略を採らざるを得ない局面もあれば、うまくバランスを取った戦略を採った方が良い局面もあるでしょう。

いずれの場合であっても、**リーダーは自社の戦略意図をしっかりと認識して、現場に具体的な指示を出さなければなりません。**それができないと、「鷹の目」を鍛えられていない現場は意図とは異なる行動をしてしまうからです。

例えば、競合企業に差をつけるために、「今期は新規顧客の開拓を強化」という方針が出されたとしましょう。

誰もが新規開拓は難しいことについては重々理解しているので、通常、管理面においては「新規獲得件数」や「新規の訪問件数」などといった指標が重視されがちです。

当然、現場は目標を達成するためであることはもちろん、一方で上司から指摘を受けたくない意識も働き、新規に対する活動量を増やすことになります。

そうなると何が起こるでしょうか。

そもそも、活動時間は限られているわけですから、従業員の増員をしない限り、新規に振り向けられた活動の分だけ既存顧客にかける時間が減ってしまうことになります。何も手を打たなければ、活動が減少した分だけ既存顧客との取引がなくなるという、本末転倒な事態にもなりかねません。

そもそも経営層が描いていたのは、当然、既存顧客の数字に新規顧客の数字を上積みして売上を上げることでしょう。

よってリーダーは、その戦略意図（現状の人員で既存顧客の維持と新規顧客開拓を両立させること）を十分に理解しておくことが不可欠です。

その上でやるべきことは、新規に振り向ける活動量を確保することに加えて、いかに効率的に既存顧客を維持するのか、について具体的な指示を出すことになります。

マネジメントというと「管理」することのように思われがちですが、現実に照らし合わせると、マネジメントとは「やりくり」することだと考えるべきでしょう。

リーダーが任される組織の人員は限られています。ということは、仕事にかける時間も自ずと限られていることになります。

そう考えると、**より重要な仕事に時間をかける一方で、重要度の低い仕事を効率的に進める方法を考える、あるいは本当に重要ではないのであればやめる**、といった現場にしかわからない「やりくり」を上手にやっていくことこそが求められているのです。

9 既存業務の延長では成長が見込めない

○……「計画のようなもの」でも乗り切れるが……

「なぜPDCAが回らないのか?」を考える中で、見えてきたのは「誰もが計画を作れていない」という現状です。

そして、**計画が作れない(もしくは作らない)最大の原因は、「計画〝らしき〟ものさえあれば、計画を練り込まなくても、仕事は十分回っていく」こと**でしょう。

私は計画策定のコンサルティングの場面において、必ずこんな質問をします。

「今期と全く同じ施策、同じ行動を取ったと仮定したら、業績はどの程度になると思いますか?」

当然、受け止め方は人によって様々なこともあるため、20%ダウン、30%ダウン、とバラバラにはなりますが、「極端に業績が落ちる」という答えはほとんどありません。

このような認識を持っているリーダーだと、ベースには「少し頑張れば今期と同じくらいの目標なら達成できる」という考えがあるはずです。

ほとんどの企業が成長できなくなってきた理由がこの「新しい取組をしない、あるいはできない」状態にあります。

経営者は、業績の上がらない状況になると、投資に踏み切れません。

特にコスト項目の中でも構成比の高い人件費に関しては、誰もが躊躇《ちゅうちょ》してしまいます。

もちろん給料もそうそう上がらないでしょうし、従業員の採用も控えることになるでしょう。

こうなってくると、現場に対しても大きな期待はできないので、「この苦しい時期を乗り切っていこう」といった前年踏襲型の目標で、組織全体が動くことになります。

つまり、「少し頑張れば今期と同じくらいの目標は達成できる」と考えるリーダー、そしてその前年踏襲型の目標を許容せざるを得ない会社としての事情があるのです。

よって、リーダーとしても、「仕事内容を大きく変える必要などない」ということになり、計画〝らしき〟ものでも十分乗り切っていけることになります。

本当にこれで良いのでしょうか。

○……変化のカギは現場のリーダーに託されている！

この状況を打開できるのは、実はリーダーしかいません。

経営者は、株主、株式市場、銀行などの目を気にしなければならず、どうしても慎重かつ控えめな目標になりがちです。その目標をリーダーが真に受けて、新しい取組を仕掛けなければ、どうなるでしょうか。現場が仕掛けていないわけですから、業績を反転させて次の成長軌道に乗せる、などというのは到底無理な話になります。

「ウチの会社は、どうせ給料が安いんだから、働けば働くほど損しますよ」なんて声もよく耳にしますが、これも構造としては同じ話です。**現場が成果を上げなければ、会社は成長できません。**その結果、安いと嘆いている給料も上がるわけがないのです。

このような話をすると、コンサルティング先のリーダーからは、「そうは言うけど現場でできることなんて高が知れてますから」という意見が出てきます。

しかし、本当に高が知れているかどうかは、やってみないとわかりません。

大切なのは、**既存業務の延長線上で考えていた現状を認識し、その状況を放置するのは自分の成長はもちろん、会社の成長にもつながらないと十分理解する**ことです。

10

「諦めなければ成功する」のに なぜ実践できないのか

成果が見えないことには挑戦したくないもの

新しい取組の必要性をお話ししましたが、全く新しいことというのは、そもそも現実のビジネスにおいて、動機づけの難しい類のものであることは確かです。

今までやっていなかったことをやるわけですから、その取組が成果を出せるのかどうかは非常に不透明です。成果を求められるのは当たり前の話、という言い方もできますが、だからこそ、成果が見えないとすぐに諦める傾向が見られます。

ここでは、5Sを例に挙げてみましょう。

5Sとはご存知の方も多いと思いますが、**整理・整頓・清掃・清潔・躾**《しつけ》、それぞれの頭文字であるSをとって「5S」と名づけられたもので、いわゆる仕事の基本である五つの要素を徹底して実践することです。

もともとは工場で実践すべき取組として認知されてきた考え方で、例えば日本電産を創業して一代で売上高1兆円を超えるグループを形成した永守重信社長は、買収した企業を5Sで立て直しているといっても過言ではないようなお話をされています。

そのような成功事例もありますし、コンサルタントの仕事で様々な企業を訪問していると、**5Sを徹底している会社はすべからく強い**ことも目の当たりにしてきました。

これらの会社は、工場に限らず、オフィス、店舗、見えるところも見えないところも5Sが行き届いています。

私自身もクライアント企業には必ず、「5Sを徹底すると絶対に儲かるからやった方が良いですよ」と、ご提案しています。もちろん、コンサルティングのテーマは別にありますので、意味合いとしては補足的なアドバイスになってしまいますが、確実に効果が出るため、かなり真面目にお勧めします。

ところが、皆さんも予想されるように、**ほとんどの企業で定着しないというのが実態**です。さすがに、見られないほど汚いといったことはありませんが、とても徹底されているとは言い難いレベルでその活動は雲散霧消していきます。

○……最後に笑うのは、やり続けた人

特別なスキルが必要なわけでもない5Sが、なぜ定着しないのでしょうか。

それは、成果を出せるまでの道のりが長いからです。

私の経験から言えば、短くて半年、長くて1年ぐらいはかかるでしょうか。その間、ずっと地道に整理、整頓、清掃……をやり続けるのです。

ハッキリ言ってしまうと、**とても地味な作業ですから、実行している皆さんはなかなかその効果を感じることができません。**むしろ「こんなことをするより、この時間を仕事にあてた方が効率も良いのでは？」なんて思う人もいるでしょう。

時間の経過とともに「やろう」という人もいなくなり、結局は元どおり、という企業を私はいくつも見てきました。

5Sに限らず、新しい取組を定着させるには時間がかかるものです。

なぜ、実践すれば良くなるのがわかっているにも関わらず、多くの企業が諦めてしまうのかというと、得てして、成果が全く見えない期間が長いからです。

最初はそんなに急に成果が出ると誰も思っていないとはいえ、「かけた時間と労力の分だけ、少しずつでも良いから成果を実感したい」というのが人間の性です。

ところが成果というのは、比例グラフのようには出ません。

たとえ**成果を実感できない期間が長くても、成果を信じて諦めなかったときに、突如としてその成果は出てくる**のです。

皆さんも耳にしたことがあるかと思いますが、故・松下幸之助氏の言葉に、「諦めなければ成功する」というものがあります。

かなり本質をついており、まさに5Sのように地道な取組をするときにこそ思い出していただきたい言葉です。

第1章
「なぜPDCAが回らないのか？」のポイント

□ ほとんどの組織では、「計画」ではなく「計画らしきもの」しか作れていない

□ 成果主義に基づく評価制度では、現状維持の計画しか出てこなくなる

□ リーダーには「できる目標」と「すべき目標」、二つの目標が課せられている

□「目的＝目標を達成すること」、になっていないか今一度確認してみよう

□ 目標を共有しようとする努力を怠ると、誰もついてきてはくれない

□ 企業のビジョンはリーダー自身が「腹落ち」するまで理解しなければ、メンバーに伝わらない

□ 結果を出すリーダーは経営者視点の「鷹の目」、現場視点の「蟻の目」、二つの視点を持っている

□ リーダーは自社の戦略意図を理解した上で現場に指示を出すべき

□ マネジメントとは、今ある人・モノ・カネをうまく「やりくり」すること

第2章

Plan

計画策定段階で勝負は90%決まる

第１章では、なぜＰＤＣＡがうまくいかないのか、その背景について触れました。ここからは、ＰＤＣＡの各ステップの解説に入ってまいります。

目標を達成できるかどうかは、計画の作り込み次第と言っても過言ではありません。第２章では、計画を作る上で必ず知っておきたいこと、具体的な計画の立て方などをご紹介します。

「やらされている」意識が失敗を招く

PDCAを妨げるやっかいな思い込み

そもそもPDCAの一つ目のステップである「P（計画）」でつまずいている、というのは第1章で何度もお伝えしたとおりです。上から下りてきた目標数字をそのまま掲げるだけで具体策もない状態では、とうていPDCAサイクルは回るはずがありません。

計画でつまずく大きな要因として、**リーダー自身が「計画は作らされるもの」「会社にやらされている」と〝思い込んで〟いること**が挙げられます。どこか他人事のまま進めているため、自発的なアクションを起こしません。

その結果、実行（D）した後に評価（C）、改善（A）を行なうべき会議の場でも、この〝思い込み〟が問題を引き起こしてしまいます。目標に対しての進捗確認や結果確認を行なうのみで、次の計画（P）につなげようという動きが出てこないのです。

例えば、営業会議では、このような光景がよく見られます。

「先月の売上目標に対しては、90％の達成率で終わってしまいました。メンバー全員頑張ってはいますが、新規の獲得に苦労しているのが現状です。よって今月以降、さらに新規訪問強化を打ち出して月間目標の達成に努めます」


企画系の部署会議はどうでしょう。

「今年度の方針である顧客満足度向上に向けて、開発部門はローコスト化、生産部門は在庫削減、営業部門はアフターサービス対応、を強化ポイントとして取り組んでいます。まだ2カ月が過ぎたところで、具体的な成果を発表できるところには至っていませんが、特に大きな問題は今のところ生じていません」


人事系の部署会議はこのような感じでしょうか。

「従業員のモチベーション向上への取組では、まず社内の風通しを良くしようと、各部署よりメンバーを募ってプロジェクトチームを立ち上げました。現在は部署間のコミュニケーションを活性化する方策を検討中で、来月には複数の案が出せると考えています」

もうお気づきかと思いますが、いずれの会議も目標に対しての議論になってしまっています。目標に対する議論では、結果確認（目標達成できたかできなかったのか）と、進捗確認（目標に対してどこまで進んでいるのか）が把握できるだけにすぎません。「その結果を受けてどのような改善をするのか」「これからどこを目指していくのか」について議論しなければ、わざわざ会議を開く意味がありません。

よって、多くの会社から、「ウチの会社、結構会議が多いんだけど、あまり意味があるように思えないいんだよね」といった声が聞かれるようになるのです。

また、会議を一生懸命やる会社に限って「会議のやり方がマズイのではないか」と勘違いをしてしまう傾向にあり、この考え方は負のスパイラルを招くだけです。

「やらされている」という〝思い込み〟を抱えたままでは、前向きに実行、評価、改善を進めることができません。よって、**ＰＤＣＡが回らない問題の本質は、そもそも計画をリーダー自身の手で作り込めていないこと**に尽きるのです。

本章では、ＰＤＣＡサイクルを回していくための計画の作り方について、詳しく解説していきたいと思います。

1

“手段の目的化”が計画をダメにする

何のための目標、何のための計画か?

まず、計画は何のために作るのか、についてもう一度整理しましょう。

計画は、目標を達成するために作ります。

目標は、目的に向かっていくためにクリアすべきものです。

よって、目標には、売上目標、利益目標、といった数値で表せるものもありますし、給与・評価制度を作る、業務マニュアルを作る、教育体系を整備する、システムを構築する、といったように、会社として整備していくこと、を表す場合もあります。

ここで気をつけなければならないのは、**全ての目標は、目的に向かっていくためにクリアすべきものだということを、決して忘れない**ようにすることです。つまり、一般的にいうところの、「目的」と「手段」の関係でいうと、「手段」ということになります。

ここでは、ほとんどの人に関わる給与・評価制度を例にもう少し考えてみましょう。

給与・評価制度に、「これが正しい」というものはありません。会社の状況に応じて臨機応変に変えていくべきものだと考えた方が良いでしょう。

年功序列型賃金制度が徐々に制度疲労を起こしていったのは、日本の高度経済成長期が終わり、市場の成長と共に会社の業績も上がる、という状態ではなくなったことが要因です。その時点では、多くの会社は増えない給与原資をどう配分すべきか、という課題を抱えることになり、能力評価への変更といった工夫をしてきたわけです。

しかし、能力評価に関しても、所属する部門、評価の基準、被評価者の評価能力、などの点で問題が生じてくると、それに対処しなければならなくなります。

「計画」「目標」「目的」の意味

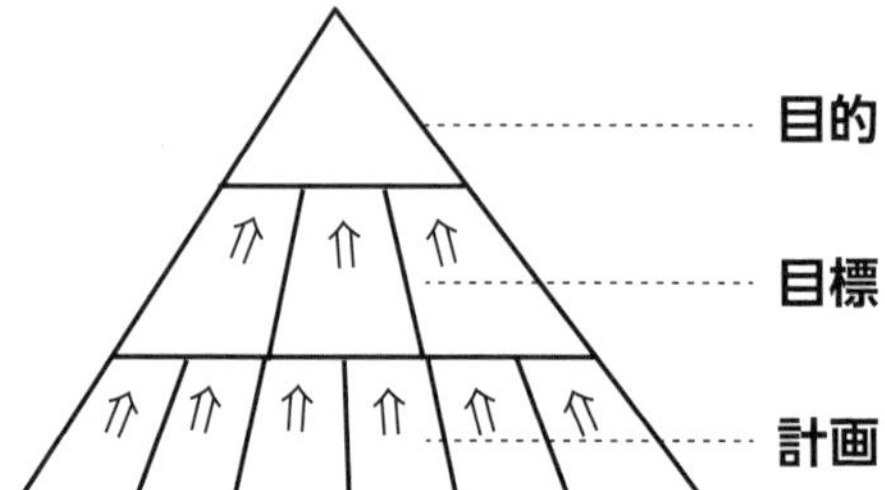

「計画」の一つひとつは「目標」のため、
目標はさらに上の「目的」を達するためにある

もちろん、給与・評価制度は、状況に応じて変えていくべきものなので、間違ってはいませんが、この過程の中で〝大切なこと〟を見失ってしまうケースが多々あるのです。〝大切なこと〟、それは、**「何のために変更するのか」という「目的」**です。

本来は「会社のビジョンを達成するためにクリアすべき目標として、給与・評価制度を見直す」、という考え方で進めます。しかし、進めるうちに「一体何のための給与・評価制度見直しなのか」、という視点が抜け落ちてしまうのです。

その結果、「給与・評価制度の改善」自体がいつしか目的になり、出来る限り数多くの従業員の声を聞き、現行制度のココが悪い、ココも悪い、と問題点をあげつらい、最終的には万人受けする、でもあまり意味のない対策を打つのみで終わってしまうのです。

これがビジネスでよく言われるところの、「手段の目的化」という話です。

目的を見失ってはならない

身近なところでは、業務日報は手段の目的化が起こりやすい典型的な事例でしょう。業務日報の「目的」は、上司が部下の日々の行動を確認して適切なアドバイスをする、あるいはメンバー同士で確認できるようにして、成功事例を共有化する、といったことです。業務日報を書くこと自体は、そのための「手段」という位置づけでしかありません。

しかし、どこかの時点から、「業務日報を書くこと」が目的化してしまい、忙しくて書く時間がないから書かない、あるいは適当に書く、といった行為が起こり始めます。その次に、書いていない従業員もいる、書いている内容も大して参考にならなくて意味がないからやめよう、といった話になっていったりします。つまり、手段の目的化は非常に起こりやすいことなのです。

いったい何のための目的・目標なのか。これを見失った瞬間、計画は間違った方向へ進みかねません。だからこそ、目的が共有化されていることが必要不可欠な条件となるのです。

「手段の目的化」とは？

例）業務日報

☆スタート時
目的：上司とのコミュニケーション
　　　同僚との情報共有

⇓

★数ヵ月後…
目的：業務日報を書くこと!?
結果：忙しくて書かない、
　　　あるいは適当に書く

⇓

「じゃあもうあんまり意味がないからやめよう」

「何のために」という根本的な「目的」が忘れられてしまうと、計画も無意味になってしまう

2

「お客さまとの約束」でやるべきことは見えてくる

○……現場ならではの視点で考えよう

さて、第1章から何度も目的の大切さについて繰り返し説明させていただきました。

とはいえ、まだ経営する側ではないリーダーからは、「それは経営陣が示すべきものではないか」という声が聞こえてきそうです。事実、コンサルティングの現場においても、そういった意見が出てくることがほとんどで、それについては十分理解もできます。

できるようであれば、ぜひ、経営陣も巻き込んだ形で会社の目的を明確化することに取り組んで欲しいのですが、会社の規模によっては、あまりにも経営陣との距離が遠くて難しいケースも多々あるでしょう。

そのような**リーダーに、「目的」として考えてもらいたいことが「お客さまとの約束」**です。

私がクライアント企業の目的の明確化をお手伝いする際に、経営陣に問い掛けるテーマとして、「創業原点の振り返り」「どんな想いで今の事業に取り組んでいるのか」「将来どんな会社になっていたいのか」などがあります。「お客さまとの約束」もそれらのテーマの一つであり、最も重要視しているテーマだと言っても過言ではありません。

そして、この**「お客さまとの約束」は、唯一、経営陣との議論だけでは明らかにならないテーマ**であり、現場のリーダー、あるいは従業員の方々を巻き込んで進めていく手法をとっています。

よって、もちろん本来は会社全体で議論してもらいたいテーマではありますが、現場のリーダーが中心になって議論することも十分可能なのです。

期待を上回る仕事をしているか

「お客さまとの約束」は、顧客満足と深い関わりのあるテーマです。

おそらく顧客満足に関しては、多くの会社の企業理念やビジョン、あるいは年度方針や行動指針といった項目の中に盛り込まれているテーマでしょう。だから、言葉そのものに関して知らないという方はいないかと思います。

ただし、この質問に答えられる方はどのぐらいいるでしょうか。

「顧客満足を高めるために、具体的にどんな仕事をしていますか？」

実は、私はクライアント先で必ずこの質問をしますが、明確に答えてもらった経験がほとんどありません。つまり、**「顧客満足を高めよう」と掲げていながら、「ではどんな仕事をすべきか」といった実務面まで具体的に落とし込まれていない**ということです。

また、勘違いしやすいのが〝満足〟という状態の定義です。お客さまの〝期待〟を超えるからこそ〝満足〟の状態になるのであり、お客さまの〝不満〟に対応するのは〝当然〟です。

しかし、この〝当然〟レベルでしかない仕事が、〝満足〟につながっているなどと思ってしまっているケースもあります。

顧客満足と会社の利益の深いつながり

ここで、「お客さまとの約束」の定義をハッキリしておきましょう。

「お客さまとの約束」とは、その約束を果たしていれば会社の利益は上がる、というイメージにつながるものでなければなりません。

「お客さまとの約束」が定まれば、「その約束を果たすためにやるべき仕事が鮮明になる」ということであり、「約束に直接関係のない業務は、極力効率化するか場合によってはやめる」こともできる、ということです。

マクドナルドを例にとって説明しましょう。

マクドナルドは数年前に一度、赤字転落してしまいましたが、そこからの改善の過程で「60秒チャレンジ」というキャンペーンを行ないました。レジで注文してから60秒以内に商品を提供できなければ、サービスクーポンを配布するというものです。

ファストフード店に来る顧客のほとんどは、「手軽に早く済ませたい」と思っているはずです。しかし、お昼時などの混雑時はどうしてもレジに行列ができてしまいます。

そこで**待ち時間を短縮することができれば、顧客側の満足度は上がり、なおかつ会社の売上アップも期待できる、**というのが真の狙いです。

実際、マクドナルドはこのキャンペーンを行なうに当たり、「素早く商品の提供をするために」全店舗の厨房レイアウトを変更し、業務マニュアルでも細かく作業を規定するなど、実に100億円規模の投資をしたそうです。

顧客満足を「目的」に考える

「お客さまとの約束」
＝
会社の利益アップに
つながるもの

例）マクドナルド
☆「できたてを素早く提供する」
メリット →会社側：売上アップ
→お客側：待ち時間の短縮

⇓

・厨房レイアウトの変更
・業務マニュアルの改訂　など
「約束」を実現するための工夫が必要

このことから、実際に「お客さまとの約束」という言葉で掲げられているかどうかはわかりませんが、マクドナルドでは「できたてを素早く提供すること」に重きを置いていることがわかります。

その後、**同社は見事にV字回復**を果たしました。もちろん、今もこの約束は守り続けられているのではないでしょうか。

このぐらい明確かつ絞り込まれた**「お客さまとの約束」を見出すことができれば、その企業は他社に負けない強みを獲得できる**のです。

3 「約束」の有言実行で他社に差がつく

事例② 顧客満足と会社の利益を両立させるサウスウエスト航空

なぜ、「お客さまとの約束」が企業の強さにつながるのか、についてもう少し詳しく説明しましょう。

成功事例として、ビジネス書等にも多々取り上げられていますが、サウスウエスト航空の事例はとてもわかりやすいので、ここでも取り上げてみます。

左ページの図をご参照ください。

サウスウエスト航空の例を見ると、「お客さまとの約束」に位置づけられるのは、**「低価格」「時間を守る」「楽しい空の旅」**の三つがあります。

この約束を守っていれば、お客さまからの支持を得られるということです。

事実、同社は米国の航空会社の中でも高い収益を上げており、2001年の米国同時

サウスウエスト航空の経営

ミッション

- □ 顧客に良質で低価格のサービスを提供し、利益を上げる
- □ 全従業員の安全を確保する
- □ より多くの人に空の旅を楽しんでもらう

⇓

お客さまとの約束

低価格のサービス

直販体制の強化　チケットレス

無料サービスの撤廃

使用料金の高いハブ空港を使わない

発着時間の厳守

(=10ミニッツターン)

同一機種を活用して効率アップ

乗務員全員による一斉清掃

楽しい空の旅

機内パフォーマンス

ユーモア度を採用基準に

「お客さまとの約束」を守る

＝

顧客からの支持を得られ、企業の強みにつながる

多発テロ事件当時、他社が赤字転落する中でも、唯一利益を計上したぐらいです。

サウスウエスト航空は、これらの約束を実現するために、様々な取組（業務）を推進してきました。

①**「低価格」**を実現するために、直販体制の強化、チケットレス、無料サービス（ドリンク等）の撤廃、使用料金の高いハブ空港を使わない、などが実行されました。

②**「時間を守る」**を実現するために、〝10ミニッツターン〟という方針を掲げました。機体が目的の空港に着陸してから離陸するまで、つまり折り返しの準備を10分間で行なうというものです。このために、整備の容易性を考慮して同一機種を活用、乗務員も一斉に清掃業務等を実施しています。

③**「楽しい空の旅」**を実現するために、そもそも採用するときからユーモアの高い社員を選ぶような工夫もしているようです。

○約束は徹底して実現させるもの

サウスウエスト航空の事例から読み取っていただきたいのは、「お客さまとの約束」は決・し・て・お・題・目・で・は・な・い・ということです。

「低価格」、「時間を守る」、「楽しい空の旅」といった言葉自体は、極論を言えばどの航空会社でも掲げられる内容とも言えますので、実行度合いが弱ければ、競合との違いも訴求することができず、お題目と捉えられてしまうかも知れません。

しかし、これが「約束なのだから」と、**徹底して実現するために取り組めば、競合との明確な差別化要素にまで高めることが可能**です。

その確信を持つことによって、「お客さまとの約束」につながる業務を徹底的に強化するとともに、「お客さまとの約束」につながらない業務を極力効率化する、あるいはやめる、といった思い切った決断ができるようになるわけです。

つまり、**何が本当に必要な仕事で、何が無駄な仕事かを明らかにできる**ことから、会社としては利益が上がることになります。

例えば、機内の無料ドリンクサービスなどは、あった方がお客さまは喜ぶのかも知れません。しかし、それが航空会社を選択する際の大きな要因になるかと言えば、決してそんなことはありません。

どちらかと言うと、どの航空会社もやっているから自社もやった方が良い、といった考えで続けていたものではないでしょうか。

ないよりはあった方が良い、あるいは、他社がやっているから自社もやった方が良い、といったレベルの話ではないのです。

だからこそ、**リーダーが単独で考えるのではなく、メンバーを巻き込んで議論をすることが大切**です。

「お客さまが望んでいる真の〝期待〟は何なのか」

「競合企業に対して自社が磨き上げるべき強みは何なのか」

このようなテーマを、メンバーがわかりやすいように咀嚼《そしゃく》して、話し合いを進めてみてください。おぼろげながらも「お客さまとの約束」が形になっていくはずです。

ぜひとも意識してもらいたいことは、約束が洗練されたものになるまでに時間を要するということです。

話し合いのプロセスを通じて、今までよりもお客さまに意識が向くようになり、仕事を通じて新しい発見が出てくる。そういった効果を見込んで、一歩ずつ進んでいくようなイメージで取り組んでいただきたいと思います。

4

ステップ①

現状の振り返りがスタート地点

○……身の丈にあった計画作り

さて、ここからはいよいよ計画を作る段階に入っていきます。

計画策定で誤解されているのが、「やるべきことをどんどん計画の中に落とし込まなければならない」という考え方です。全面的に間違っているとは言えないのですが、この考え方でいくと、結局何も手がつけられずに放置される項目が発生します。

というのも、実行できるぐらいの量の「やるべきこと」であれば問題ないのですが、欲張って「あれもこれも」と詰め込んでしまって、結局やらなかった、あるいはできなかった、といった経験が皆さんもあるのではないでしょうか。

目安としては、**「計画どおりに実行すれば必ず目標が達成できる」必要最小限レベルの落とし込み**です。

よく考えてみましょう。

決算期末などの会社における区切りは、そもそも税金を徴収するために決められたルールであり、ビジネスは区切りなく日々続いています。

その中で、1年間の振り返りもそこそこに、新しくやるべきことをむやみに追加してしまうと、何が起こるでしょうか？

それまでの業務を時間的に余裕を持ってこなしていたのであれば大丈夫かも知れませんが、多くの会社ではそんな余裕はないでしょうから、結果として、いくら時間があっても足りない、といった状況に陥ってしまいます。

そんな誰でも気づくような失敗は起こさないだろう、と思ってしまうかも知れません。

通常業務がある前提で計画を立てる

フランチャイズチェーン本部A社で起きた事例を元に説明しましょう。

A社の商品部は15のカテゴリーに分かれており、それぞれに担当バイヤーが配置されています。

ある年、「もっと現場の情報を収集・分析した上で商品政策を決定し、仕入先メーカーとの交渉に活用する」という方針が立てられ、バイヤーはより精度の高い現場情報を収集する必要が出てきました。

A社は、全国に約1000店舗のネットワークを持っており、バイヤーが自分自身で情報を収集するのは不可能です。

そこで、運営部のスーパーバイザーに情報収集を依頼することになりました。スーパーバイザーは、一人当たり5～10店舗ぐらいの担当を持って日々訪問活動を行なっていますので、無理なくできる作業ではないかと考えられていたのです。

ところがその目論見は大きく外れることになります。

商品カテゴリーごとに存在する15名のバイヤーが、自分の仕事の都合に合わせてスーパーバイザーに情報収集を依頼してきたため、スーパーバイザーのところにはひっきりなしにメールが届き、それがたまっていった結果、情報収集どころか通常業務さえも滞ってしまうような状況になってしまったわけです。

A社の事例からもわかると思いますが、どんな会社であれ、ビジネスを成立させるために**やらなければならない日々の業務はすでに存在しています。**

しかも、ほとんどの会社は恐らくギリギリの人数で仕事を回しているでしょう。

だからこそ、**計画は現状の振り返りからスタートする**のです。

「現在行なわれている業務は、うまく回っているのか」

「問題があるところはどこなのか」

「その問題はなぜ発生しているのか」

「昔からの慣例でやっている業務で、不要な業務はないか」

「他部署との連携はうまくいっているのか」

振り返りの際には、メンバー全員の声を聞くことを忘れないようにしてください。一口に問題といっても、担当している業務の違いで、認識の仕方も異なってくる可能性が高いからです。

まずは現状の業務を整理して、その上でどんなことならできそうか、現実的なレベルでの計画を策定していきましょう。

5 ステップ②
正しい事実を把握する

○ 根本の原因を見つける意識を持つ

現状を振り返り、「今、どんな状況なのか」「問題は何なのか」をメンバーと共有することが、計画を作るスタートになります。

ここで必要不可欠なポイントがあります。それが、「**正しい事実を把握すること**」です。「正しい事実を把握するなんて、当たり前じゃないか」といった声が聞こえてきそうですが、これがなかなか難しいのです。

例を挙げて説明しましょう。

システム販売会社B社の営業部長から「拠点長のマネジメント能力を高めたいので、教育プログラムを作って実施していきたい」という相談を受けました。

B社は約30拠点の営業所を展開していますが、拠点長によって業績に大きなバラつきが出ているというのです。

一口にマネジメント能力といっても、その言葉には様々な要素が含まれています。ですから、「B社の拠点長には、一体どんなスキルが必要なのか」を絞り込むために、全ての拠点長と話をすることにしました。

その中でわかったことは、「**ほとんどの拠点長は、マネジメントする時間がない**」ということです。

一体どういうことでしょうか。

さらに詳しく話を聞いてみると、B社の拠点長の8割は、各営業所の中でもトップの成績を上げるトップセールスであることがわかりました。つまり、一般的に言うところの、プレイングマネジャーという役割だということです。

拠点長は日々、最も多くの顧客を抱えて営業活動に邁進《まいしん》しており、部下とのコミュニケーションをとる時間すら取れていない、というのが実態だったのです。

拠点長たちは、「拠点の目標を達成するためには、まずトップである自分自身の目標を達成しなければならない」と考え、それを最優先にした結果、なかなか部下が育たない、というジレンマを抱えていたわけです。

さて、B社の問題は、拠点長たちのマネジメント能力不足だと言えるでしょうか。

これまで教育体系が整っていなかったことを考えると、確かに「やらないよりは、やった方が良い」施策だとは思います。

しかし、**恐らくこの対処策では問題の根本的な解決にはなりません。**

「なぜ拠点長は、トップセールスであり続けなければならないのか」という疑問を解消しない限り、部下育成にかける時間が取れないという状況は打開できないでしょう。

B社のケースでは、個人実績を重視する評価の比重が高かったため、拠点全体も大切だけど自分の実績を優先してしまう、といった傾向が見られました。

問題に対して〝なぜ〟を5回繰り返す

いかがでしょうか。理解してもらえたでしょうか。人は、問題を表面的に捉えてしまい、それに対処しようとする傾向があるようです。

「部門間のカベが問題だから、合同の会議をやるべきだ」

「新規開拓ができていないから、1日3件、必ず新規訪問するように」

「社員のやる気が低下しているから、インセンティブ制度を導入しよう」

あなたの会社でもこんなフレーズを聞いたことはありませんか？

これはビジネスに限ったことではありません。

「日本の財政は悪化しているのだから、消費税を増税するべきだ」

「サッカー日本代表は得点力がないから、点を取れるメンバーを入れるべきだ」

表面的な問題への対処策は、それを解決しさえすればうまくいくように思えるのですが、それはあくまでもイメージにすぎません。

ひとたび問題を捉えたら、「それはなぜ起きているのか」を繰り返し問い掛けてください。

自動車メーカーのトヨタでは、「〝なぜ〟を5回繰り返そう」という教えが、以前からあると聞いています。これも恐らく同じ理由ではないでしょうか。その過程で、正しい事実を把握することが不可欠なのです。

6

ステップ③

事実を認識するプロセスを欠かさない

問題の捉え方次第で解決策にも深みが出る

さて、正しい事実を洗い出した後は、それをどう認識するのかが大きなポイントになります。「どう認識するのか」がピンと来ない場合は、「どう理解するのか」、あるいは「どう解釈するのか」と置き換えてみるといいかもしれません。

例えば、部門間の壁という問題を捉えてみましょう。

単純にコミュニケーションの機会がないことで、他の部門が何をやっているのかわからない、ということが問題視されている場合もあります。

これをどう認識すれば良いのかは、その会社の状況によって変わります。オフィスの場所が違ったりして、物理的にコミュニケーションが難しい場合もあれば、風土的にコミュニケーションがとりづらいこともあるでしょう。

ここで突き詰めて考えなければならないのは、「**それは本当に問題なのか**」ということです。

業務上必要なコミュニケーションもとれていない、つまり会社の業績に影響を与えている、という事実があるようならば、会社として対応策を考える必要があるかも知れません。

一方で、影響の度合いによっては、個々人で努力するといった対応で様子を見ることもあるでしょう。

どうしても、「部門間の壁が問題だ」という声が社内から出てきてしまうと、「コミュニケーションは当然ないよりもある方が良いわけだから、何らかの対応をする必要がある」、という考えに陥りやすくなります。

しかし、**正しい事実を洗い出すことによって、「そもそも問題なのか」、「どの程度の問題なのか」を考えるプロセスが加わります。そして、どう認識するのかを意思決定することによって、より適切な対応策を展開する**ことができるわけです。

ところで、部門間の壁に関しては、コミュニケーションの問題だけでなく、もはや〝対立〟にまで発展してしまっているケースもあります。

開発部門や企画部門が「営業がだらしないから売上が上がらない」と考えている一方で、営業部門は「もっと競争力のある商品なら売れる」「もっとインパクトのある販促キャンペーンをやってくれれば売れるのに、開発や企画は現場をわかっていないから良い商品や企画が出ない」と考えている、といった類の対立です。

競い合うような対立ならばまだしも、自分（自部門）の立ち位置を守るために他をおとしめようとするような対立だとするならば、決して好ましい状況ではありません。

このような事実が洗い出された場合は、なるべく早いタイミングで関係者を巻き込んだ認識共有の場をつくる必要があります。

お互い、単にイメージとして言っているだけで何の根拠もないものなのか、何らかの事実に基づいて出てくる意見なのかを共有すれば、対応策は見えてきます。

正しい事実認識の仕方

近頃話題になっている、消費税増税の問題についても考え方は全く同じです。

財政が悪化しているから、消費税を増税して収入を増やそうとしているわけですが、消費税を増税したら本当に収入が増えるのか、ということです。

実行すべき方策を見つけるプロセス

問題　国家の財政悪化　⇒　**対応策**　消費税増税 ???

適切な対応策は、
正しく事実を把握・認識しなければ出てこない

消費税の収入はもちろん増えるでしょうが、景気が悪化すれば、所得税や法人税からの収入が減少してしまうため、総収入は減少することすら考えられます。

現に１９９７年の消費税増税時（３%→５%）には、総収入が減少してしまいました。

政治家や官僚でさえ、正しい事実を把握してそれをどう認識するか、というプロセスが踏まれていないと、適切な対応策が出てこないのです。

この一連のプロセスを踏まえた上で実行すべき方策を導き出すようにしてください。

7 ステップ④ 計画には「勝てるイメージ」が不可欠

「勝てるイメージ」をつくるプロセス

これまで、解決すべき課題をいかにして明らかにするのか、について説明を進めてきました。これが「目標」になります。企業における目標とは、「数値で表されるもの」と「解決すべき課題」の二とおりに分類できます。

「計画」とは、これらの目標を達成するために立てるものです。

言い換えると、皆さんが立てる計画によって、「勝てるイメージ」が湧いてこなければなりません。

「勝てるイメージ」とは、決めた目標を達成できるイメージです。

例えば、営業部門のリーダーと計画を詰めるときは、次のようなアプローチで進めていきます。

①ほぼ達成できる（堅い）見込み数値はどれくらいなのかを決める

↓

②目標数値と見込み数値とのギャップを把握する

↓

③ギャップを埋めるための方策を洗い出す

↓

④方策ごとにどのぐらいの数値が見込めそうなのかを予測する

↓

⑤方策の数値合計が１５０％になるまで方策を追加する

↓

⑥方策が実行できない可能性（阻害要因）を事前に洗い出す

↓

⑦阻害要因を克服するための対応策を事前に練り込む

この流れに沿って突き詰めて考えていけば、〝勝てる〟計画を作ることができます。

売上目標がチームで1億円のリーダーがいると仮定して考えてみましょう（左図）。

勝てる目標・計画の作り方

例）売上目標がチームで**1億円**のリーダーのケース

①堅い見込み数値の決定

→7000万円

②目標数値と①のギャップを出す

→1億円－7000万円＝3000万円

③ギャップを埋めるための方策を考える

→・新しい販売チャネル・顧客を開拓する
・商品・サービスを変える
・イベント・キャンペーンを行なう

④方策ごとの数値を予測

→・	新しい販売チャネル開拓	1000万円
・	新規顧客の開拓	500万円
・	イベント・キャンペーン	1000万円
＋）・	新商品・サービスの発売	500万円
	合計	3000万円

⑤④の合計が150％（＝4500万円）になるよう、方策を追加

（④が全く新しい仕掛けで、見通しが立たない場合は150％。過去に実績を挙げているものであれば、それに応じて変化させる）

→・	既存顧客の活性化	1000万円
＋）・	見込客の成約率向上	500万円
	合計	1500万円

⑥④・⑤の方策の実現可能性、実現を妨げるもの（阻害要因）を洗い出す

⑦⑥で挙げた阻害要因を克服するための対応策を検討し、チェックするポイントを予め決めておく

私がコンサルティングを行なう際は、このような流れでリーダーに目標・計画を作成してもらいながら、「この点が不明確です」「ここは失敗する可能性が高いです」「本当にこれで数値が作れると思いますか」といった投げかけをし、何度もやりとりを繰り返します。

平均すると、4~5回はダメ出ししながら再検討してもらうことになりますが、このプロセスを繰り返すことで、多くのリーダーがこう言います。

「最初はこんな目標とても無理だと思っていましたが、だんだん達成できそうな気がしてきました・・・・・・・・・・・・・・・・・・」

これが「勝てるイメージ」です。

阻害要因を洗い出す

解決すべき課題が「目標」になっている場合も、考え方は変わりません。

「解決した」あるいは「完成した」という**ゴールに向けて、まずは、どんなプロセスを辿らなければならないのか**を明確にします。

そのプロセスを「中間目標」と位置づけ、仮に中間目標をクリアできないと仮定したら、どんな阻害要因が出てくるかを洗い出すのです。

ここからは、営業の例と全く同じ方法で「勝てるイメージ」ができるまで、作業を繰り返していきます。

もうお気づきかと思いますが、多くのリーダーがこの作業をやっていません。

「何だか大変そうだけど頑張るしかない」

「やるべきことがたくさんありすぎて、できるかどうかわからない」

こういったイメージだけで、実行に入っていきます。

しっかりと問題を整理し、「やるべきことはこの五つ」ぐらいに絞り込んで明らかにすることが、「勝てるイメージ」の前提になるのです。

8

ステップ⑤
実行に値する計画か検証する

○……具体的に何をするのか、順序立ててチェック

「勝てるイメージ」ができたところで、実行レベルに落とし込みましょう。

第1章でも取り上げましたが、計画とは、「何を」「いつまでに」「誰が」「どうやって」がもれなく表現されているものを言います。つまり、やるべきことが全て見えている状態でなければ意味がありません。

中でも、**もっとも重要なポイントは、「何を」について極力細分化していくこと**です。

例えば、「給与・評価制度の見直し」という目標を例に考えてみましょう。

悪い例では、このようになります。

「何を」　→給与・評価制度の見直しを

「いつまでに」　→上半期中に

「誰が」　　　　→リーダーである自分と担当者2名が
「どうやって」　→……

「何を」の部分に、目標を入れてしまうのがそもそも間違っていますが、ここでもう一つ理解してもらいたいのは、「何を」が大きな項目のままだと、「どうやって」を考えるのは難しいということです。

前項で、「中間目標」というキーワードが出てきましたが、少なくともスタート段階では、「何を」の部分に中間目標を入れて考えてみると良いでしょう。

「給与・評価制度の見直し」を進めるプロセスを整理してみましょう。

①現行制度の問題点の整理
②見直すべきポイントの抽出
③見直し後のメリットとデメリットを整理
④見直し案の決定
⑤制度移行スケジュール策定
⑥役員会決裁

一般的には、このようなプロセスになります。

では、①を例に計画へ落とし込んでみましょう。

「何を」　→現行制度の問題点の整理を
「いつまでに」　→1カ月以内に
「誰が」　→担当メンバー○○が
「どうやって」　→各部門責任者のヒアリング、従業員アンケート、を実施する

少し計画らしくなってきました。

大切なのはここで終わらないことです。

「どうやって」の部分に、「各部門責任者のヒアリングと従業員アンケート」と出てきたので、さらにこれを計画に落とし込みましょう。

「何を」　→各部門責任者のヒアリングを
「いつまでに」　→1週間以内に
「誰が」　→担当メンバー○○が
「どうやって」　→ヒアリング項目作成、責任者へのアポ、を実施する

少なくとも計画はこのレベルまで落とし込んでおく必要があるでしょう。

中間地点を設定して成功率アップ

計画とはどんなものなのか、理解は深まってきたでしょうか。

もう一度整理しましょう。

「目標」は、いったんのゴールとして考えます。

そして「計画」は、目標（ゴール）に至るまでの道筋です。

車を運転するときに、あらかじめ道がわかっていれば確実に目的地に着けるように、**計画も細部まで具体的になっていればいるほど、より高い確率でゴールまでたどり着けるのです。**

先ほどの例のように、目標から計画に落とし込んだ段階で、細かく具体的になっていれば、それはそのまま計画として活用できます。

山登りをするとしましょう。「目標」が山の頂上だと考えると、「計画」はどのポイントを通りながら頂上を目指していくのか、というイメージになります。

目標（頂上）までの計画（ポイント）をきめ細かく（例えば100メートル刻みぐらいで）設定し、そのポイントごとの勾配や気温などを想定します。

計画を実行レベルに落とし込む

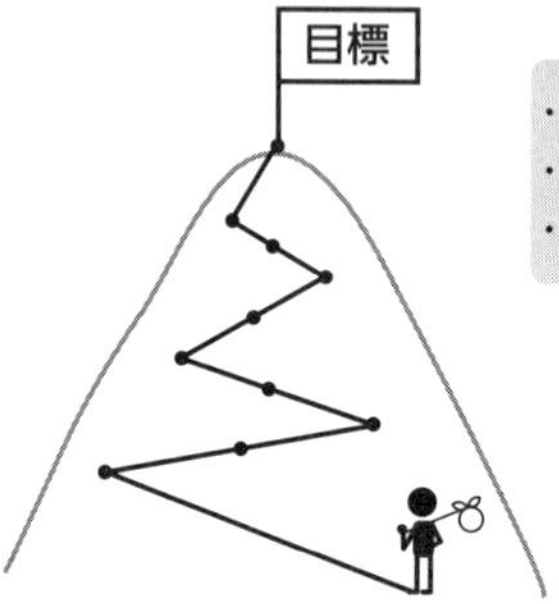

・休憩するポイント（10～20コ）
・ポイントごとの勾配・気温の把握
・着替えるタイミング・休憩の長さ

＝

計画

目標を立てるだけで終わらずに、
必ず日々実行できるレベルに落とし込む

10～20ぐらいのポイントを設定し、それぞれのポイントをどのぐらいの時間で通過するのか、どのポイントでどの程度の休憩をとるのか、どこで厚手のジャケットに着替えるのか、などが考えられていれば、そのまま実行計画として活用できます。

一方で、最初の落とし込みが少し粗い場合は、計画で落とし込んだポイントを仮のゴールとして、それをさらに詳細に落とし込むことが必要になります。

先ほどの山登りの例で考えると、目標（頂上）までの計画（ポイント）をいったん大まかに（五合目までの所要時間、休憩場所までの所要時間と休憩時間、程度のもの）設定するようなケースです。

ただし、このレベルで「さあ登ろう」と言っても、子どもと一緒にハイキングで登るような山であれば問題ないでしょうが、しっかりと準備をして登らなければならない本格的な山だと不安です。途中で引き返すようなことにもなりかねません。

よって、五合目をいったんの目標としてどんな計画にするのか、次の目標を休憩場所としてどんな計画にするのか、を落とし込む必要があるでしょう。

このようなイメージで、**実際に立てた計画がそのまま実行するに値するレベルになっているのかどうかを確認**してください。

第2章
「Plan 計画策定段階で勝負は90%決まる」のポイント

- □「やらされている」という〝思い込み〟を持ったままでは、ＰＤＣＡサイクルは回っていかない
- □「何のために」を常に問いかけていれば、本当に意味のある計画を作ることが可能
- □ 目的と「お客さまとの約束」はニアリーイコール。実務面の仕分けにもなり、会社の利益にも直結する
- □ すでに毎日しなければならないことは山積み。計画作りは現状の棚卸しからスタート
- □ 表面的な問題にとらわれると、正しい計画とは程遠いものが出来上がり、実現しない
- □ 事実の解釈次第によって解決策は全く異なってくる。何が原因なのか、意味のある解決策なのか、考えるプロセスを省いてはいけない
- □ 計画は「できそうな気がする」ところまで考え抜いて初めて意味がある
- □ やるべきことが全て見えている状態が計画の完成形。実行レベルまでとことん落とし込む

第3章

Do

実行段階のジレンマ

たとえ綿密に計画を立てたとしても、突発的な事故や、計画当初には思いもよらなかったことは起こるものです。

ここでは、一度決めた計画をとことんやり抜くための心構え、知っておきたい人の特性などを説明していきます。

「想定外」は起きて当たり前

ありえないことにも準備はしておく

さて、計画さえ作り込んでしまえば、後は実行あるのみですね。

冒頭でもお伝えしたように、PDCAがうまく回らないのは、そもそも計画が作れていないからであり、その意味においては計画さえ作ってしまえば、自然にPDCAサイクルは回っていきます。

しかしながら、皆さんが関わっているビジネスの世界においては、全ての事象が想定の範囲内で起こるかというと、決してそのようなことはありません。

外部環境、自社の経営層や直属の上司、他部門、顧客というように、**自らがコントロールできないところから突発的に影響を受けることもしばしばある**でしょう。

2011年の東日本大震災は記憶に新しいところですし、それ以前にも2008年に起きたリーマンショックなどにより、ビジネス界は大きな影響を受けました。為替相場や金利変動等の影響を受けた企業も多いと思います。

身近なところでは、経営層や直属の上司から思いもよらない指示が下りてきて、それらに対応しなければならないといったことも恐らく頻繁に起こっているでしょう。

他部門との連携がうまくいかない、といった状況に陥ってしまうこともあるでしょうし、顧客からの要望やクレームを受けることももちろんあると思います。

つまり、想定外のことが思いもよらないタイミングで降りかかってくることは、もはや珍しいことではないのです。よって、「想定外のことが突発的に降りかかってくる」のは当たり前だということを、頭に入れておくべきだと言えるでしょう。

○……やるべきことを忘れない

想定できないのに頭に入れておく……と言われても、少し難しいかも知れません。

ここで理解してもらいたいのは、**人は想定外の事象が降りかかってくると、そのことに気を取られ、やらなければならない大切なことを置き去りにしてしまう傾向がある**ということです。

例えば、社長や上司から、「この市場データを詳しく把握したいから、調べたことを1週間後に報告するように。経営会議で議論する予定だから、間違いのないように頼むよ」といった依頼が突然くると、それからの1週間は市場調査に集中せざるを得ない、などということがあるでしょう。

あるいは、大切な取引先から、「いったい君の会社はどうなっているんだ。すぐに説明にきてもらえるかな」などとクレームの電話が入ると、その時点から、「何が起きているのか、本当にコチラの問題なのか、を調べた上で先方に訪問し、戻ってきてから再度対処策を検討する」、といったことに巻き込まれてしまい、他のことが何も手につかなくなる状況になってしまうでしょう。

確かに、事前に想定できることではありませんが、**よくよく考えてみると「よくあること」**です。

「よくあること」にも関わらず、社長や上司からの頼まれごとがあったから、取引先からのクレームがあったから、本来進めておくべきことが全く進みませんでした、などという状況になってしまうのは、非常にもったいないことです。

今や時代は、たとえ大震災に見舞われたとしても、いかにしてビジネスを継続させるのかを事前に計画しておくこと（＝ＢＣＰ：事業継続計画の策定）を企業に求めるような動きも当たり前になってきています。

よって、実行段階の第３章では、実行そのものを滞らせてしまう原因となるものに対して、注意深く気を配っていくことの重要性とポイントについてお伝えします。

実行段階で大切なこと

「本来やるべきこと」を実行していくためには、突発的に発生することに振り回されない！

1 ワンランク上を目指すために必要なこと

○……やってもやらなくても変わらない、からやらない

まず、大前提として押さえておかなければならないことがあります。

「ＰＤＣＡサイクルをきちんと回そう」といったことを考えるような会社であれば、規模の大小の差こそあれ、それなりに組織として仕事が動いています。

いわゆる大手企業の方から、「明日、自分一人いなくなったとしても、会社は変わらず動いていくんですよね」といった話を聞くこともありますが、これと同じことです。組織として完成されているので、たとえ中で働く人が変わったとしても業績にはさほど大きな影響はない、ということです。

ＰＤＣＡのＰ（計画）は、数値目標をいかに効果的かつ効率的に達成へ導いていくか、解決すべき課題をいかに解決まで導くか、といったテーマを持っています。

つまり、成長を目指す企業にとって必要不可欠な取組であると言えるわけですが、一方で、そもそも日常業務はきちんと回っているので、**たとえ徹底してPに取り組まなかったとしてもそれなりに売上は上がるので、企業の業績への影響は限られます。**みんな頭の中ではそのことがわかっているため、往々にして計画倒れが起こるのです。

特に給与・評価制度の見直しといった課題解決型の目標ではその傾向が顕著です。売上に直結しないような施策の場合、予定どおり実行できなかったとしても業績に大きな影響が出ないため、思うように実行されないことが多いと言えます。

しかも、当初のゴールであったはずの「より良い会社にするため」という目的は果たされず、少しずつ業績に悪影響を及ぼし始めます。

このように、実行されない計画の特徴としては、実行してもしなくても、直近の結果に差が現れない、ということがあるようです。しかし、一見差がないように見えても、後々その差は大きなものとなって返ってきます。

リーダー自身がこの事実をしっかり認識した上で、実行することにこだわる必要があるでしょう。

○……事例③　社長自ら率先して実行。社員も本気になった！

これは、1年前の話になります。

当時、年間70億円の売上実績がある中古車販売会社C社のｘ社長は、中期経営計画策定の際に、3年後の売上目標100億円を掲げ、そこに到達する計画を立案するよう各拠点リーダーに要請しました。

基本的な方向性としては、

・車両販売で10億円の上積み
・整備・自動車保険で20億円の上積み

というところまでは示していました。

ところが、計画の進行状況を確認に行ったところ、各拠点リーダーは口々に「あんな目標は絶対無理だからきっと社長は本気じゃない」と否定的な意見ばかりで、真剣に作っている様子ではありませんでした。

私もｘ社長に、「計画も経営陣で作り込んでリーダーに落とし込むような方法に変えないと、とても目標達成できる計画にはなりませんよ」と進言したのですが、ｘ社長からはこんな答えが返ってきました。

「いやいや、本気じゃないなんて思われているのであれば、それは私の責任です。私は私で打つべき手は打っていきますから、それを見ながら彼らが何を感じるかにかかっていますね。**彼らが本気になってもらわないと所詮達成などできない**わけですから、計画の作り込みはボチボチやっていきましょう」

約半年後、創業者が高齢で廃業を検討していた自動車整備会社D社を買収し、整備部門のさらなる強化を打ち出すとともに、拠点リーダーの1名をD社に異動する人事を発表しました。

X社長は再度各拠点リーダーに伝えました。

「D社を買収したからといって、100億円の道のりはまだまだ遠い。けれども体制は整ってきている。私は本気だから、君たちにも本気になってもらいたい」

このときから、各リーダーは計画を練り直し、当然実行にも大いにこだわるようになりました。

目標を達成したければ、上に立つ人が率先して取り組む姿勢を見せることが大切だということがおわかりいただけたでしょうか。ぜひ覚えておいてください。

2

「やることがありすぎて手が回らない」はホント？

○日々の業務があるのは普通のこと

計画を実行しなくても、売上が落ちるわけではない、という大前提があることを理解して、起こり得る事象を想定しておくことは大切です。よって、次に現場の従業員が陥りやすい行動特性について説明します。

どんな企業でも、どんな部門でも、計画が作り込まれていなくても常に業務が発生し、従業員はそれらの業務に対応しているわけですね。**朝、出社してからその日の仕事が終わるまで、全ての従業員にはやらなければならないことがある**のです。

当然そういった仕組みが出来ていなければ、企業は組織化が図れませんから、決して悪いことではありません。

しかし、この仕組みが出来上がっているがために、起きてしまうことがあります。

計画の実行度合いを確認するために、リーダーが「計画の件だけど、今どこまで進んでいるかな」と聞いてみたところ、メンバーはこんな風に答えるのです。

「ちょっと最近忙しいのでまだ手をつけていないんですよ。多分今月一杯はやらなきゃいけないことがたくさんあるから、そんなに進められないと思いますよ」

日々の業務が忙しくて、なかなか手がつけられない。

やることがたくさんあって、そこまで手が回らない。

非常によくある光景です。

事例④ 誰も手をつけない改善プログラム

象徴的な事例を挙げて詳しく説明しましょう。

約300店舗の加盟店で展開しているフランチャイズチェーンE社では、店舗単位の収益が年々厳しくなってきていることに大きな危機感を抱いていました。

その課題を解決するようコンサルティングの依頼があり、E社のプロジェクトメンバーと共に作り上げたのが「店舗収益改善プログラム」です。

立地条件から店舗の売上ポテンシャルを算出し、現状の売上と比較することで課題を明確にし、実行すべきことを選択、徹底を図る、という流れになっているこのプログラムは、実際に店舗指導を行なうスーパーバイザーからも高い評価を得られたため、推進面での問題はなさそうだと考えていました。

しかし、スタートから3カ月後、スーパーバイザーが集まる会議で取組状況を確認したところ、驚くべき答えが返ってきます。

「良いプログラムなのでどんどん進めたいのは山々ですが、自分も忙しいし、加盟店の責任者も忙しいから、なかなか説明する時間も取れないんですよ」

これにはさすがにビックリして、「皆さん、つまりスーパーバイザーの役割とは何でしたかね？」と聞いてしまいました。

すると、こんなコメントが返ってきました。

「もちろん加盟店の経営指導ですが、日々の売上のための商品提案や、週末のイベントの準備等々、**やることがたくさんあるんです。やらないわけじゃなくて、時間が取れるときにしっかりやりたいと思っている**ので、その辺は理解してもらいたい」

そうです。E社に限らず、どんな企業であっても、日々やるべきことがたくさんあるわけですね。そのように考えてしまうのは十分理解できます。

しかし、一方でよく考えてみてもらいたいのです。

「たくさん」というのは、いったいどの程度の話なのでしょうか。やらなければいけない業務が具体的にいくつ存在して、それぞれの業務にかかる時間は具体的に何分なのか。

というのも、この質問をして（正に今取りかかっている）日々の業務の洗い出しをしてもらうと、「あれ、よくよく考えてみると三つしかないな〜」や「いや、もっとあるはずなんだけど」といった話になってしまうケースの方が圧倒的に多いからです。

日々やらなければならない業務は、慣れていることもあり、どんどんこなそうとする傾向がありますから、冷静に整理してみるというステップを踏まなくなります。

その結果、**二つ三つ重なってきただけで、「あれもこれも、やることがたくさんある」という気分になるのですが、整理すると意外とそうでもない。**

リーダーはこれを頭に入れておくと、メンバーに対してはもちろんですが、自分自身がこの思い込みに振り回されないようになります。

3 緊急／重要マトリクスで、業務の仕分け

普段の仕事の棚卸し

仕事を回していく現場は、ＰＤＣＡのサイクルに落とし込んで推進したい業務、突発的に降りかかってくる業務、日々やらなければならない業務、が常に混在しています。

だから、つい「あれもやらなきゃ」「これもやらなきゃ」「ああ、たくさんあって忙しい」といった意識になってしまうわけです。

それでも、業績が好調であれば、結果となって出てきている感もあるので報われますが、ひとたび不振に陥ると、とても仕事が回らないくらい忙しい割には、業績に全く反映されないといった、おかしなことになってしまいます。

よって、**「今、何に注力すべきなのか」についての認識をリーダー自身が持っていなければなりませんし、もちろんその認識をメンバーと共有する必要があります。**

緊急／重要マトリクス

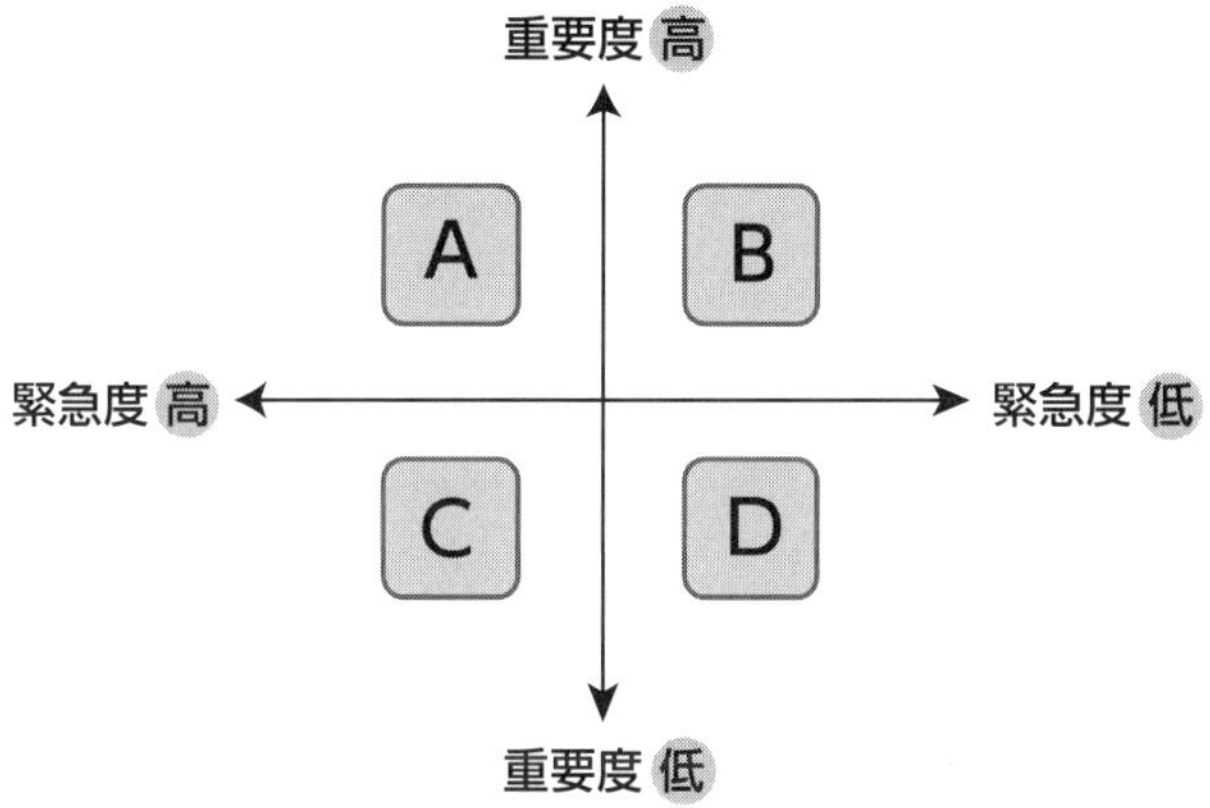

さてここで、今抱えている業務が簡単に整理できるフォーマットをご紹介しましょう。

上記は、**「緊急／重要マトリクス」**です。縦軸は重要度を表しており、上は重要度が高く、下は重要度が低い、ということになります。横軸は緊急度を表しており、左は緊急度が高く、右は緊急度が低い、ということになります。

結果、ご覧のとおり四つのハコができますね。

A：緊急かつ重要な業務
B：緊急度は低いが重要な業務
C：重要度は低いが緊急度の高い業務
D：緊急度も重要度も低い業務

まず、A、B、C、Dそれぞれのハコに、自分の携わっている業務を仕分けしてみてください。

ここでよく議論になるのが、「高い低いが微妙な業務もあるので、中を作った方が良いのではないか」、といった類の話です。

しかし、「緊急／重要マトリクス」は、業務を仕分けすることが目的ではありません。**本来、時間をかけてやるべき業務とは何か、どんな業務に時間を取られているのか、に気づくことが目的です。**

よって、微妙だと思うものはどちらに入れるのかを決めてしまえば良いのです。

もちろん、メンバーと話し合いながら決めても良いでしょう。その方がお互いの認識のギャップを確認することにもつながります。

何から手をつけるか決める

さて、仕分けが終わったら確認してください。

Aの「**緊急かつ重要な業務**」には、正に日々こなさなければならない業務で、その中でも大切だと考えているものが入っているでしょう。

Bの「**緊急度は低いが重要な業務**」には、PDCAで推進したい業務や、新たに取り組みたい計画や企画、新しい商品やサービスの開発、といったものが入っているのではないでしょうか。

Aがあまりにも多すぎる場合、それは好ましい状況とは言えませんし、Bに対して緊急度が低いからと放置しているのも当然好ましい状況とは言えません。

一方、重要度が低いCやDに関しては、ここに多くの時間を割いているようであれば、それも大きな問題です。

C、Dの業務は、思い切ってやめてしまうという判断が必要な場合もあります。また、やめるまではいかなくとも、極力効率化（人員や時間を取られない）を図るために、どんな工夫ができるかを考えるべきでしょう。

現場で意図や目的がハッキリしない業務を見つけたときに、「その業務は何でやらなきゃいけないのか知ってる？」と話を聞いたりしますが、得てして「前の担当者から引き継いだ業務なのでよくわかりません」や「ルールでこうなっていますから」といった答えが返ってくることも意外と多いです。

しかし、現場の従業員から自発的に「この業務は無駄だからやめましょう」といった意見が出てくることはありません。そもそもこの会社ではやらなければならない業務だと考えているわけですから。

このあたりもリーダーが気を配るべきポイントです。

重要な業務の進め方

さて、AとBに話を戻しましょう。

重要なBの業務は、そのまま放っておいても構わない（短期の数字には影響がない）ものや、あるいはそのうちやるべきタイミングが出てきて緊急度が高くなり、Aに移行するものがあるでしょう。Aに移行する業務が多ければ、Aの業務がさらに増えて「緊急かつ重要な業務に振り回される」状況がさっぱり改善しないことになります。

また、そもそも**Bは将来に向けて重要な業務ですから、本来は着々と進めていかなければなりません。**

例えば、先ほどのようにCやDを効率化しようと思ったときには、「業務の効率化推進」という業務がBに入ってきます。

ところが着手しなければ何も進まず、状況も変わりません。1年後に再度「緊急／重要マトリクス」を作成したら、全く同じ業務がＡＢＣＤにそれぞれ並ぶことでしょう。

この悪循環から抜け出すためには、次の考え方が必要です。

・まず、Ｂの業務を推進する時間を確保する

・ＣとＤに関してはすでに述べたとおりのことを実行に移す

・Ａに関しては、「なぜここに位置づけられる業務が多くなってしまうのか」という根本的な問題を把握し、解決策を検討する（もちろんＢが最優先なので、Ａに関してはいかに時間を割かれずに実行するのかを明確にする）

要するに、ＡやＣで忙しいからといって「仕事してるぞ」とは思わないように、自分自身を戒める意識が大切だということです。

リーダーは、ぜひこの優先順位で日々のスケジュールを組むよう意識してもらいたいと思います。

4 実行を妨げる人間の三つの特性を理解する

○……プロジェクトマネジメントに見る問題点

ここまで読み進めてきていただければ、随分理解が深まってきたのではないかと思いますが、ＰＤＣＡサイクルに乗せたい業務は、プロジェクトの要素を持っているものが比較的多いと言えるでしょう。

ここでは、**プロジェクトマネジメントにおいて、問題として取り上げられる人間の特性**について理解を深めてもらいたいと思います。

プロジェクトマネジメントとは、「商品開発やシステム開発を推進する際に、スケジュールを守りながら完成するところまできちんと管理しよう」という考え方です。

開発業務には数多くの人間が携わっており、プロジェクトマネジャーは、そのメンバーが実行するそれぞれの業務の進捗状況をコントロールしなければなりません。商品開発やシステム開発の遅れは、そのままダイレクトにコストアップにつながることもあり、徹底したマネジメントが求められます。

よって、プロジェクトマネジメントにおいて、プロジェクトマネジャーが困っているポイントから学ぶことは非常に有意義だと思います。

(1)学生症候群

問題点の一つめが、〝**学生症候群**〟と呼ばれるものです。

皆さん、学生だった頃を思い出してみてください。

中学でも高校でもほぼ同じだと思いますが、必ず定期的に試験が実施されていたのではないでしょうか。試験の日程はもともとスケジュール化されていますから、本来であれば試験に向けて着々と計画を立てて準備を進めていけば良いということは、誰もがわかっていたことです。

では、一体どれだけの学生がこの〝本来あるべき〟を実践できていたでしょうか。

恐らく、できていたのはほんの一握りの学生に限られ、多くの学生は試験直前になってから試験勉強という状況に陥っていたのではないでしょうか。

もちろん、計画を立てて取り組んでいた方もいらっしゃると思いますが、私が言いたいのは、「**得てして人間は追い込まれるまで後回しにしてしまうクセを持っている**」ということです。

ＰＤＣＡマネジメントにおいても、「やるべきことと期限」を決めて実行に向かうことになりますが、期限の直前になってから焦り始め、期限の前日にはかなり追い込まれた状況になるといった傾向が見られます。

⑵必要以上の時間設定

これも人間の特性の一つですが、二つめは〝**必要以上の時間設定**〟です。

思い出してみてください。上司から業務を依頼されたときに、「いつまでに出来る？」と尋ねられ、どのように答えているでしょうか。

本当に簡単な業務であれば、「すぐ出来ます」と答えることもあると思いますが、**重要で少し時間のかかりそうな業務は、かなり余裕をみて答える**のではないでしょうか。

これが〝必要以上の時間設定〟と呼ばれる理由です。

〝必要以上の時間設定〟が好ましくない理由は、例えば３日で出来そうな業務を１週間と答え、やはり3日で出来てしまったときに、完了の報告に行かないケースが圧倒的に多いからです。

「約束の1週間まで少し余裕があるから、もう少し工夫してみよう」と考えたり、「あまり早く報告するとまた次の業務依頼がくるかも知れないし、その際にこれが3日で出来るなら、と無理な時間設定されるのも困る」と考えたりして、結局1週間後に報告に行くといった行動を取ってしまいます。

(3) 掛け持ち

そして三つめが **〝掛け持ち〟** です。

一人の人が複数の業務を〝掛け持ち〟しながら仕事を進めていることは珍しい話ではありません。この章でも繰り返し伝えていますが、日々の業務もあればPDCAサイクルに則って進めるべき業務もあり、それぞれの業務の中にもさらに細分化された役割分担がありますから、色々な業務を〝掛け持ち〟しているのがもはや通常である場合も多いわけです。

とはいえ、個人単位ではその進め方によって、スピードに大きな差がついていきます。

実行を妨げる三つの特性

① 学生症候群

→ギリギリになるまで手をつけない、後回しのクセ

② 必要以上の時間設定

→余裕を持ったスケジュールを見積もり、目一杯時間をかけるクセ

③ 掛け持ち

→複数の業務を毎日少しずつ進める、周りの目を気にして「とりあえず」手をつけるクセ

「なぜかそうしてしまう」これらの特性を
把握した上で、マネジメントを工夫する

例えば、A、B、Cと三つの業務を〝掛け持ち〟している場合を考えてみましょう。

毎日、それぞれを少しずつ進める場合と、集中的に取り組んで一つずつ終わらせていく場合とでは、当然集中的に取り組む方がスピードは上がります。

〝掛け持ち〟とはいえ、二つを同時に進めることが不可能であることは誰でも理解しているでしょう。

異なる業務に取り掛かるには、物理的、心理的な準備を必要とする分、細切れに進めようとすればするほど、準備の時間が必然的にかかるのです。

プロジェクトマネジメントであれば、〝掛け持ち〟厳禁という話になってしまうぐらい、これは非効率な進め方になります。

しかし、もしも途中で進捗を尋ねられたときに、全く手をつけていないのもどうかと気を遣って、結果的に非効率な方法をとってしまうことになるわけです。

〝学生症候群〟〝必要以上の時間設定〟〝掛け持ち〟に見られるように、**人間には「なぜかそうしてしまう」行動特性があります。**

これらをリーダーが意識しておくことで、マネジメント上で工夫できるポイントがかなり出てくるのではないでしょうか。

5 「5S」の徹底でチームの実行力アップ

当たり前のことこそ効果的

第1章でもご紹介させていただいた**「5S」**について、再度ご説明させていただきます。

繰り返しになりますが、5Sとは「整理、整頓、清掃、清潔、躾」、それぞれの頭文字がSであることから、5つのSで5Sと呼ばれているものです。

パッと見ただけではありきたりな言葉に感じるかもしれませんが、**当たり前と思うことだからこそ、実行力を養うにはうってつけ**だと言えるでしょう。

第1章でも登場した日本電産の永守重信代表取締役は、技術力はあるにも関わらず経営が悪化している企業を買収して立て直すことで、グループを拡大してきました。

しかも、買収した企業の人員削減等を行なうことなく、それを実現してきたのです。

その秘密が5Sです（永守氏の場合、「5S」にもう一つ「作法」のSを加えて「6S」

５Ｓのポイント

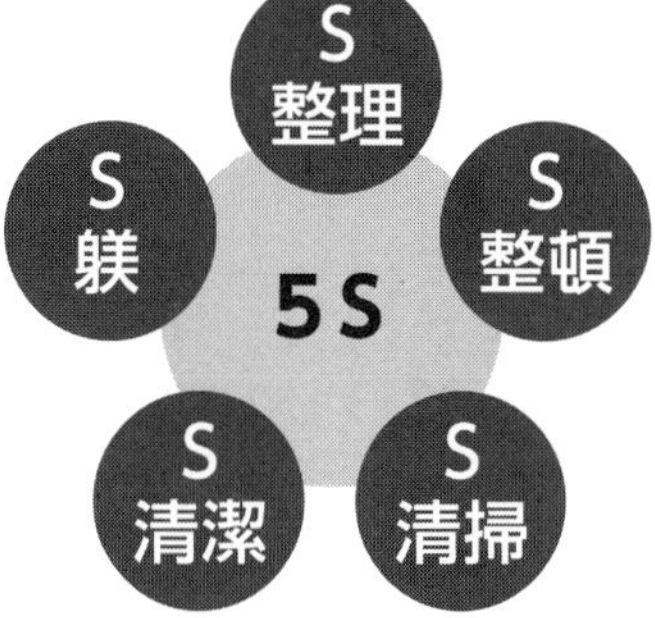

（※日本電産の永守氏の場合は＋「作法」で６Ｓとする）

５Ｓを徹底することでコミュニケーション、
問題意識の共有、思いやりベースの協力が鍛えられる！

という表現を使っています）。

私自身、コンサルタントという立場で数多くの企業を訪問してきましたが、強い企業は共通して5Sが徹底されているように感じます。そして、実践する企業を観察するうちに、なぜ5Sが効果的なのかがわかってきました。

5S活動は、「今日はやるけど明日はやらない」という類のものではなく、正に日々の活動です。

よって、**活動を通じて〝日々のコミュニケーション〟が自ずと活性化します。**

例えば、〝整理〟は「要らないものを捨てること」、〝整頓〟は「必要な物がすぐに見つかる状態にあること」、といった定義が決められていますが、この〝日々のコミュニケーション〟の中で、「何が必要なもので何が不要なものなのか」、「どんな状態がベストでどんな状態がダメなのか」といった議論が活発に行なわれるのです。

結果的に、**組織の問題に対する共通認識が築かれていきます。**

さらに、この5Sは自分の持ち場周辺、あるいは自分のデスク周辺で徹底されてさえいれば良い、という話ではなく、工場であれば工場全体、オフィスであればオフィス全体の話になるため、気づいた人がどんどん実践していかなければなりません。良くない状態になっているとしたら、そこにいる全員の責任になるわけです。

すると、その日いない人のデスクを拭いてあげたり、普段出入りしない部署に行ったときでも落ちているゴミを拾ったり、といった**協力関係が自然と芽生える**のです。

つまり、5S活動を通じて、

・どんな状態がベストで何がダメなのかという定義が共通の認識となる
・問題を発見すれば、自分の判断ですぐに対処する習慣ができる
・部分（自分の周りだけ）ではなく、全体を見渡す大切さを理解する

・いかに効率的にベストな状態を維持するのかという工夫が施される
・自分のためというよりも他人のためという意識が芽生える
・活動を通じて、従業員個々人がコミュニケーションの大切さを理解する

これらのスキルが身につくのです。

一つひとつをよく見ると、どれも組織で仕事をする上で非常に大切な要素であることがわかります。

5S活動を通じて磨かれるこれらの要素が、日常の業務に活かされるようになるからこそ、5Sを徹底している会社はすべからく強いのでしょう。

結果が出るまで徹底する

こうして5Sのメリットをご紹介するとたいてい「じゃあウチでも早速明日からやってみよう」となるのですが、落とし穴があります。

第1章でもお話ししましたが、**5Sは目に見える効果がすぐには出ません。**

思い立ったが吉日で、始めるのは簡単なのですが、一方で、途中で頓挫しようとも直接的には誰も困らないので、頓挫するのも簡単です。

日本電産の永守社長は、買収した会社に代表取締役会長として自ら乗り込み、5S（永守社長の場合は6S）活動を徹底的に推進したそうです。

リーダーの皆さんも、**ひと度やろうと決めたならば、成果に転換するまで決して諦めない姿勢が必要**です。

また、5S活動は全員でするものです。役割を分担してそれぞれが役割を守るといった活動ではありません。大まかな役割分担はあっても、**最終の責任はメンバー全員が負う、という意識こそが大切**なのです。

もちろんリーダー自身が率先垂範で、誰もついてこなくとも自分はやり切る、くらいの気概を見せることが必要なのは言うまでもありません。

確かに5Sを徹底している会社は強いのですが、それは長期間の実行に裏打ちされたものです。長い期間にわたって地道なことをひたすら実行するうちに、自然と他のことも最後までやり切る力が身についてくるのです。

リーダーの皆さんにはここまでを理解した上で、ぜひチームで5Sを実践していただければと思います。

6 限りある資源は有効活用すべし

○……マネジメントとは、部下育成

戦略を策定するときに、最終的に落とし込まなければならないのは〝資源配分〟です。大企業でも中小企業でも、働くヒト、使えるモノ・カネは限られており、それをどうやりくりするのかを決めなければ、組織は動かないからです。

リーダーである皆さんも考え方は同様です。

中でも特に考えなければならないのは、**「限られたメンバーを効率的かつ効果的に動かすことでチームの生産性を最大化すること」**ではないでしょうか。

よく耳にするリーダーの愚痴に、「ヒトが少なくて仕事が回らないから、もう少し増員して欲しいのですが、全然上が耳を貸してくれない」といったものがあります。

私が「ヒトを増やしたらどれだけ利益を上げられるのかさえ示すことができれば、増員は難しくないと思うので、教えてください」と投げ掛けると、押し黙ってしまいます。

このようなチームに限って、リーダーが様々な業務を一人で背負い込んでおり、メンバーは意外に暇そうだ、といった状況も決して珍しくはありません。

「メンバーよりも自分がやった方が早いし仕事の質も高い」という気持ちも理解できないことはありませんが、**リーダーに課せられている使命は、その限られた資源（特にヒト）で最大の成果を上げることであり、それには部下育成が不可欠**です。

つまり、言い換えると、リーダーのマネジメントとは部下育成ということになります。

仕事をどんどん任せて育てる

部下育成にもっとも必要なことは「仕事を任せる」ことであり、リーダーはどんどん業務を部下に任せることが必要です。その上で、メンバーにはできない、より重要な業務に自分の時間を振り向けていくのです。

当然、メンバーも限られているわけですから、任せる仕事について、どんな業務にどれぐらいの時間をかけながらどんな成果を上げてもらいたいのか、そのためにはどんな工夫をしなければならないのか、コミュニケーションをとる必要があるでしょう。

それも部下育成というリーダーの役割を果たす意味では重要な業務だからです。そのコミュニケーションを通じて、より重要な業務に時間を配分するようアドバイスし、効率を追求する業務に時間をかけないようアドバイスする、この繰り返しでチーム全体の時間配分をコントロールするのです。

それを実行していくためにも、再度自分自身で確認してみてください。

自分一人で上げられる成果など、組織にとっては微々たるものでしかないことを。**たとえ少人数でも、組織を任されたからには、その組織が最大限上げられる成果を見据えて、部下育成に邁進するしかない**ことを。

リーダーがこれらについて認識していなければ、どうしても様々な実行段階のジレンマにさらされて、ＰＤＣＡサイクルは回らなくなってしまいます。

リーダー自身が、現場の業務に埋もれて、目先のことしか見えないような状況に陥ってしまうことのないように、**「人的資源は限られている」ことを常に意識して**もらいたいと思います。

7 チームの〝フロー化〟でパフォーマンスを最大化する

○メンバーの精神状態が成果に影響する

この章の最後として、チームのパフォーマンスをいかに最大化するかについて考えてみたいと思います。

ビジネスにおいて、個々人が成果を上げるには、二つの要素が必要となります。

一つはスキル。業務を推進していく上で、必要なスキルを持っていなければ成果にはつながりません。だから、上司から学んだり、本を読んだり、研修を受けたりしながら、スキルを高めていくことが必要なのです。

そしてもう一つが心。これには、ヤル気、モチベーション、といった言葉もありますが、**心が良い状態になければ、せっかくのスキルも役に立ちません。**

皆さんも経験があるのではないでしょうか。

何らかのトラブルが発生して、お客さまから大きなクレームを受け、そのダメージが残っている状態で他のやらなければならない業務に戻ったときに、普段どおりのパフォーマンスが発揮できたでしょうか。

上司からの叱責があって、しかもそれがどうにも納得できなくて心が揺らいでいる状態で、普段どおりのパフォーマンスが発揮できたでしょうか。

つまり、**心の状態の良し悪しは、成果に大きな影響を及ぼす**わけです。

よって、リーダーは自分自身の心の状態、そしてメンバーの心の状態にも気を配っておくことが大切になってきます。

本来の力を発揮するために心を整える

ここで〝**フロー理論**〟についてご紹介しましょう。

私自身は、スポーツドクターの辻秀一先生から教わった話です。

辻先生は「心の状態がパフォーマンスに影響を与えるからこそ、心の状態を良い方向に保っておくことが必要である」と述べています。

例えば、サッカーのＰＫ（ペナルティーキック）。トッププロであれば普通はほとんど外すことなどないという話ですが、ワールドカップといった大きな試合であればあるほど、外してしまうシーンを見ます。これは、心の状態をコントロールできずに本来のパフォーマンスを発揮できないという一つの事例です。

「普段どおりPKを蹴る」ことに集中できれば良いのですが、「このPKは絶対に決めなければならない」と考えてしまうがあまり、心の状態が乱れてしまうのです。

あまりにも結果にとらわれてしまうと、心の状態は乱れるということです。

同じことは、アマチュアのゴルフなどでもよく見られる光景ですね。

久しぶりにバーディーのチャンスがきて、しかも距離は1m。普通であれば外さない距離なのに、緊張しすぎて外してしまう、といったことです。

あるいは、あと残っている2ホールを両方ボギーで切り抜ければ90を切れる……と計算し始めた途端に、次のホールのティーショットでOBを打ってしまう、なんてこともあります。

いずれも、結果にとらわれてしまうことで心が乱れて、普段どおりのパフォーマンスを出せない、という状況に陥っているわけです。

フローとノンフローの違い

フロー
→揺らがず、とらわれず、気分の良い状態
＝普段どおりのパフォーマンスができる
ノンフロー
→他のことに心を乱されて、目の前のことに集中できていない状態
＝普段どおりのパフォーマンスができない

自分の心は自分で整える

心の状態が良い状態にあることを**〝フロー〟**といい、良くない状態にあることを**〝ノンフロー〟**と言います。

〝フロー〟というのは、簡単に説明すると「揺らがず、とらわれず、気分の良い状態」と定義されています。これが乱された状態が、〝ノンフロー〟です。

結果にとらわれてしまうあまり、心の状態が〝ノンフロー〟になり、本来のパフォーマンスが発揮できないのであれば非常にもったいないですね。

辻先生によれば、**「自分の気持ちは自分でつくる」もの**であり、自ら〝フロー〟

状態でいられるよう、工夫してみることを勧めています。

シンプルな方法ではありますが、朝から気持ちの良いあいさつをする、周りの人とコミュニケーションをとるなど、**「そうしているだけで気分が良い」ことを実践していると、自然と〝フロー状態〟を保つことができます**（ご興味がある方は、私にご連絡していただければ、もっと詳しいことをお教えします）。


以前であれば、心の状態など考えずに、部下を叱り飛ばして満足している上司の下でも、たいていの人は問題なく育っていました。なぜなら、「悔しい」と思って頑張った分だけの成果が上がる経済環境があったからです。

ところが、現在は全く違います。厳しい環境の中、求められる成果のレベルは相対的に上がってきており、それだけでも十分にストレスがかかっています。

現在のリーダーは、**スキルと心の状態、両面に配慮することを求められており、それができなければ、チームのパフォーマンスを発揮することができない**とも言われます。

まずは〝明るい挨拶〟、そして毎日の〝コミュニケーション〟を意識して取り組んでみてください。

第3章
「Do 実行段階のジレンマ」の
ポイント

□ 仕事において「想定外」は当たり前！　その上でどう対処していくかの方が大切

□ リーダーが率先して実行する姿勢を見せなければ、メンバーはついてこない

□ 本当にやらなければならない業務は案外少ない。「忙しい」気分に流されず、冷静に整理してみる

□ 時間をかけるべき業務、効率良くこなしていく業務、それぞれをちゃんと見極める

□ 人間には「なぜかそうしてしまう」特性があることを理解する

□ チームの実行力を高めるには、５Ｓが最適

□ 成果を最大限上げる一番の近道は部下育成。どんどんメンバーに仕事を割り振り、リーダーはその中心で時間配分のコントロールを行なう

□ 仕事の成果はスキルだけでなく、心の状態にも左右される。メンバーの心のケアも忘れずに！

第４章

Check

改善策が見えてくる！評価の進め方

ＰＤＣＡで一番実践できないのが、Ｃ（評価）です。計画、実行だけで終わってしまっている企業も多く、現状を振り返り、次につなげる、というステップまで踏み出せないでいます。

第４章では、評価ができない理由を知り、正しく評価を行なうポイントについて学びます。

評価指標は計画段階で決めるべきもの

P→Dで止まってしまうワケ

ここまでの章で、計画を作り込む重要性、着実に実行に移していくためのポイントについては、理解を深めていただいていることだと思います。

多くのビジネスマンが、P「計画」、D「実行」はできても、C「評価」、A「改善」のステップに至らないと考えてしまっている大きな原因は、そもそも計画を作り込めていないことにあります。**計画の作り込みさえできていれば、「評価すべきこと」は明確になっている**わけです。

よって、この段階で何をしなければならないのか特別に意識しなくても、PDCAサイクルは自然と回り始めるはずなのです。

とは言いながらも、私自身の業務内容を振り返ってみると、コンサルティングを依頼されるテーマや時期は様々です。

中期経営計画から単年度計画といった流れで、計画を作り込む段階から依頼を受けるのは稀なケースで、どちらかというと、企業がすでに認識している問題を解決して欲しいという依頼の方が圧倒的に多いように感じます。

そのため、引き受けるテーマは「新規事業の立ち上げ」「組織活性化（リーダーシップ、モチベーション、組織変革等）」「営業力強化」、というように多岐に渡ります。

時期に関しても、期の途中といった中途半端なタイミングも多くなります。そのようなタイミングであれば、会社全体はもちろん、それぞれの部門においても、すでにＰＤＣＡサイクルのＰ（計画）は策定した後で、Ｄ、Ｃ、Ａがある程度回っていなければなりません。

ところが、すでに指摘してきたとおり、**多くの企業はＰの作り込みができていないため、ＰＤＣＡサイクルが回っている、とはとても言えないような状況**にあります。

当初設定した数値目標に対して早くも乖離《かいり》が生じている企業、従業員のモチベーションが低下して組織全体の実行力が弱くなってしまっている企業、やたらと会議の数は多いけれども「ウチは意味のない会議ばかり」と従業員から揶揄《やゆ》されている企業、部門ごとに様々な**ＫＰＩ（重要業績評価指標＝計画が順調であるかを判断する一つの指標）**は設定されているけれども、それぞれのＫＰＩがどんな結果につながるのかが明確になっていない企業……といった良くない状況が顕在化しています。

このような状況に陥っている企業では、すでに評価というステップがなおざりにされてしまっていると言えるでしょう。

○……今ある課題から改善に着手するのが現実的

本来であれば、計画の作り込みからじっくり取り組み直すことがベストな選択なのでしょう。

しかし、多くの企業がコンサルタントに望むことは、「今、認識している問題」を解決することであり、それがもっとも優先されるべきことになります。

「そもそも計画の作り込みが足りないので、計画から再度練り直しましょう」なんて提案が受け入れられるような状況ではありません。

つまり、コンサルタントとしては、計画の作り込みができていない状況は認識しながらも、まずはクライアントが優先事項として挙げている問題を解決に導いていくことこそが、求められる役割になるわけです。

そのためには、第2章でもご紹介した**「事実を正しく認識すること」「それをどう理解するべきなのか」というステップで、現状を評価しなければなりません。**しかも、それは問題を解決するための第1ステップにすぎませんから、極力スピーディーに行なう必要があります。

本書を手に取っていただいた方の中には、「今さら計画の作り込みなどと言われても、今期はすでに始まっているから困ったな」と思われている方も多いでしょう。

そのような場合に関しては、コンサルタントの評価手法を参考にすれば、C→Aの流れをイメージしていただけるのではないでしょうか。

よって本章では、我々コンサルタントが改善に向けて、どうやって評価を行なっているのかというポイントを説明します。

1

ステップ①
現状の正しい把握からスタート

何が問題なのかを正確に捉える

コンサルタントは、全く知らない企業に対して短期間でA「改善」策を提案しなければなりません。

そのためには、現状をC「評価」することが必要不可欠になります。

繰り返しになりますが、**評価の際に意識しなければならないのが、「事実を正しく認識すること」であり、「それをどう理解するべきなのか」という視点**です。

講演の際によく事例に挙げる、サッカー日本代表（男子）の例で説明しましょう。

2010年のワールドカップ直前に何が起こっていたのかを思い出してみてください。

ワールドカップに向けてチームの調子を上げていくための親善試合で、セルビアに0−3で敗戦、その後韓国にも0−2で敗戦、と勝てない状況が続いたため、世論では「岡田監督辞めろ」と言わんばかりの空気になっていました。

このように全く得点できない代表チームに対して、マスコミや評論家は「決定力不足が最大の課題」と訴えていましたし、多くの日本の皆さんもそう考えていたでしょう。

この場合で「**事実を正しく認識する**」とどうなるでしょうか。

まず日本には、（メッシやロナウドレベルの）世界に名を轟かせるようなストライカーは残念ながらいません。しかも、そのレベルのストライカーは短期間で育成できるものでもなく、ワールドカップ本大会はもう1カ月先に迫っていました。

また日本は、アジアにおいては強豪国の一つですが、ワールドカップ本大会となると、日本と同等、もしくはそれ以上の実力を持ったチームがほとんどです。出場国のほとんどがワールドランキングで日本よりも上位であることから、対戦相手は日本から確実に勝ち点3（引き分けでなく勝ち）を狙って、どんどん攻めてくることは簡単に予想できます。

そしてもう一つ、日本にとって重要な「事実」は、サッカーはたとえ引き分けでも勝ち点1が獲得できるということです。

これらの「事実」を踏まえた上で、「正しく理解する」とどうなるでしょう。

確かに、得点できなければ勝てないことも事実ですが、たとえ引き分けても勝ち点1は獲得できるわけです。つまり、そもそも日本の問題は、「対戦相手に得点を与えすぎてしまっていること」だったのです。

その上、わずかな期間で「決定力不足が解消」した状態までもっていくのは至難の業でしょう。

ということは、この時点で日本代表がすべきことは、日本がアジア予選で下位の国に苦しめられたように、守備力の向上にプライオリティを置くことです。守備力の強化であれば、短期間での改善は可能だからです。

おそらく、このように状況を整理したであろう岡田監督がとったのが、「守備力重視の修正を行ない、相手の得点を防ぎ、少ない（であろう）チャンスを何とかモノにする」という作戦です。

だからこそ、絶対的エースだった中村俊輔選手、フォワードとして頭角を現し始めていた岡崎慎司選手をスターティングメンバーから外し、本田圭佑選手をフォワードにするといった大幅なメンバー変更を断行したわけで、それは狙いどおり、一定の成果（グループリーグ突破）を上げることにもつながりました。

「自分が理解していること」が絶対ではない

象徴的な事例としてスポーツを取り上げましたが、これはビジネスでも同様です。どうしても**人は、「目立って気になること」「目の前に見えていること」に気を取られ、背後にある事実を検証しないまま意見を形成してしまいます。**

しかもそれが複数の意見になってくると、あたかもそれが絶対的な意見であるかのような空気にまでなってしまうのです。

長年働いている自分の会社であれば、そういった傾向がさらに助長されるため、「事実を正しく認識する」ステップを飛ばして、「自分が理解していること」が絶対的に正しいという考えに陥ってしまいます。

これでは評価になりませんね。

評価を着実に実践するためには、冷静に「事実を正しく認識すること」、そしてその事実を「どう理解するべきなのか」を考え抜くステップを欠かさないようにしてください。

では、次項でこの事実認識→理解のステップについて、もう少し詳しく説明していきましょう。

2

ステップ②
早めのタイミングで改善のための手を打つ

○ 改善はスピード感が重要

評価は、何のために行なわなければならないのでしょうか。

もちろん改善につながる正しい方策を導き出すためですし、その流れにスピード感があればあるほど、成果にもつながりやすくなります。

逆を言えば、**スピード感のない改善では、成果が出にくい**とも言えます。

事例を使って詳しく説明しましょう。

売上目標1億２０００万円のチームを率いるリーダーがいます。わかりやすくするために、月々の売上目標は１０００万円、12カ月で1億２０００万円としておきます。

３月決算の会社で、この時点では新しい期が始まったところですが、４月が終了した段階で売上実績は９００万円にとどまってしまいました。つまり、達成率は90％です。

もしあなたが同じ立場であれば、この状況をどのように考えるでしょうか。

「達成率90％でマイナス１００万円、そこまで悪い状況とも言えないな。あと11カ月残っているわけだから、単純に月々10万円（＝月目標＋１％）上積みしていけば、売上目標も達成できる。**5月からもうひと頑張りすれば十分いけるはずだ**」

こんな風に考えていませんか？

多くのリーダーもこのように考えて、メンバーに「スタートから売上目標に対して未達に終わってしまったけど、まだまだ先は長い。少し気を引き締め直して頑張ろう」といった声を掛けるのみで、5月を迎えます。

しかしながら、5月も達成率90％で終わってしまいます。

さて、ここでも同じように考えてみると、どうなりますか？

「4月5月とやや厳しい状況になってしまったけど、まだマイナス２００万円。あと10カ月残っているから、月々20万円（＝月目標＋２％）上積みしていけば大丈夫だ」

相変わらず**「来月から頑張ろう」「2％上乗せするだけだし」と楽天的な見通しのまま何も手を打たない**……こんな方は多いようです。

そして時は過ぎ、メンバーを勇気づけながら頑張ってはいるものの成果は上がらず、あっという間に半期決算を向かえてしまいます。

「半期の達成率は90％、ということはマイナス600万円。あと6カ月残っているから、月々100万円（＝月目標＋10％）上積みしないと年間目標は達成できない。**状況から考えると相当頑張らないと厳しそうだ**」

ここでようやく、厳しい現状に気づきました。

新しい仕掛けを考え始めるのですが、なかなか短期的に業績を上げるような仕掛けを考えるのは難しく、第3四半期である年末を迎える頃には、年間目標の達成は諦めてしまう、といったことになってしまいがちです。

成果が出るリーダーは、結果と真剣に向き合う

では、いったいどうすれば良いのでしょうか。

まず、そもそも**4月終了時点の達成率90％をもっと厳しく受け止めなければなりません。**本書で言うところの作り込んだ計画なのかどうかまでは問わないとしても、数値目標を達成するために作った計画であることは事実です。

その計画がスタートからつまずいたわけですから、言わば「一大事」という受け止め

方をしなければなりません。

目標を達成するリーダーであれば、このように考えます。

「スタート月早々から達成率90％でマイナス100万円、**これは実に良くない状況だ。**何とか早い段階で挽回する必要があるから、第1四半期で帳尻を合わせよう。あと2カ月で100万円を埋めなければいけないから、単純計算で月50万円（＝月目標＋5％）の上積みが必要だ。ただし、4月が900万円で終わったことを考慮すると、トレンドが変わらないとすれば、月150万円の上積み（＝月目標＋15％）を狙っていかなければならない。**早速、新しい仕掛けを検討する必要がある**」

と、結果の重大さを真剣に捉え、すぐさま対応策を考えています。

「頑張れば何とかなる」と考えてしまうが故に、改善（ここでは新しい仕掛け）が遅れてしまうリーダーと比較すると、仕掛けのタイミングの速さは一目瞭然ですね。

このリーダーから学ぶべきポイントは二つあります。

一つは、4月の結果に対して「頑張れば何とかなったはず」ではなく、**「これが現在のありのままの傾向」と厳しく受け止めている**ところです。頑張っていようが、頑張りが足りなかろうが、結果は結果だということです。

成果が出る人と出ない人

例）スタート月から達成率90％の場合

来月頑張れば何とかなる！
これはマズい！すぐに取り返さないと！

成果が出ないリーダー

→結果を楽天的に捉えて、すぐに対策を考えない。そのままずるずると放置して、目標を達成できないまま終わる

成果が出るリーダー

→結果を厳しく受け止め、勝負のポイントを見える範囲で定める。行動も早いので、修正しやすい

もう一つは、**勝負のポイントを直近の見える範囲（ここでは3カ月）に設定している**ところです。

そもそも企業が1年間で決算しているのは、その業績に応じた納税義務があるためで、国のルールに則っているだけの話です。勝負のポイントを決算のタイミングだけに合わせてしまうと、どうしても「まだまだ時間的な余裕があるから大丈夫」という意識になってしまうため、対応が遅れがちになってしまいます。

それでは、いつまでたっても目標達成は難しいため、今回のリーダーのように、**自ら早いタイミングのポイントを設定した方が良い**のです。

○……修正が早ければ早いほど、結果にも反映される

ここでは、わかりやすい例として営業リーダーのありがちな過ちを挙げましたが、どんな職種であっても実態は同じです。

評価の目的は、正しい改善策を導き出して成果を上げることであり、それは早いタイミングであればあるほど成果が出やすくなるのです。

週の目標に対する結果はどうなっているのか？

月の目標に対する結果はどうなっているのか？

立てたスケジュールどおりに企画は進行しているのか？

仮に計画の作り込みができていなかったとしても、達成すべき目標に対する進捗度合いは、結果から容易に判断できます。

目標に対する達成率が低い場合に、「結果は結果、仕方がないからまた頑張ろう」と済ませてしまうのではなく、**「なぜ、低いのか」を徹底的に突き詰めていくことが評価のポイント**です。

徹底的に突き詰めていくというのは、「事実を正しく認識すること」であり、「それをどう理解すべきなのか」を考え抜くことであるわけです。

評価（C）のステップを踏み、その時点からの改善（A）策をどう実行していくのかという視点の計画（P）を作り込んで臨むことで、たとえ期の途中からでも方策レベルの小さなＰＤＣＡサイクルを回していくきっかけになります。

まずは、結果を判断するタイミングを、もともと月単位であれば週単位に、週単位であれば日単位にと早めて、その時点までの目標に対する達成度合いをしっかりと振り返ることがスタートになります。

3 ステップ③ 目標にピッタリのKPIを見つけよう

的確な振り返りを行なうためのツール

近年、企業のマネジメントにおいて活用されるようになってきた**「KPI」**という言葉をご存知でしょうか。

本章の冒頭でも少し触れましたが、KPIとは、Key Performance Indicatorの頭文字をとったものであり、日本語では**「重要業績評価指標」**と訳されているものです。

企業においては、当然、売上・利益といった結果が最終的には求められるわけですが、その目指すべき結果がもたらされるのかどうか、つまり経営が順調に行なわれているのかどうかを判断できる指標としてKPIが重要視されてきています。

前項で、早いタイミングで結果を振り返る重要性を示しましたが、「重点顧客との面談時間」「商談でクロージングまでにかかる時間」など、KPIが正しく設定されていれば、振り返りは簡単にできます。
いくつか事例を挙げて説明していきましょう。

(1)小売・サービス業のKPI

一般消費者向けの小売・サービス業であれば、売上は「客数×客単価」に分解することができます。**売上が減少している場合、客数が減少しているのか、客単価が減少しているのか、あるいはその両方とも減少しているのかが、最初に確認すべき指標**です。

仮に客数が減少している場合、どんな属性のお客が減少しているのかを把握することができれば、減少要因を明らかにするための道筋が見えてきます。例えば新規、既存、男・女、年齢層、職業等々、顧客属性が明確になっている方が、さらに詳細な分析を進めやすいというのは、理解してもらえるのではないでしょうか。

その客数情報を、さらに日単位で取得することができれば、その日ごとの客数推移を確認することで、減少要因を絞り込んでいくことができます。

天候、地域のイベント、自社の販促施策、競合がとっている施策等々、どんな要因で客数減少が起きているのかがほぼわかるということです。

小売・サービス業のＫＰＩの例

売上＝　客数　×　客単価

売上減少

ＫＰＩ１：売上減少の要因はどこか!? Check!

- □ 客数の減少
- □ 客単価の減少
- □ 客数・客単価の減少

↓

☑ 客数が減少していたことが判明！

ＫＰＩ２：どんな属性のお客が減ったのか!? Check!

- □ 新規／既存
- □ 性別
- □ 年齢
- □ 職業

ＫＰＩ３：ＫＰＩ２の日ごとの客数の推移は!? Check!

↓

1、2、3のステップで明らかになった減少要因の改善策を立てる

目標に見合ったＫＰＩを設定することで、
Ａ（改善）→Ｐ（計画）→Ｄ（実行）……と
スピーディーにＰＤＣＡサイクルを回すことが可能

一方、客単価が減少している場合はどうでしょう。

例えば、客単価をさらに「1品当たり単価×買い上げ点数」と分解することもできます。そこまで分解すれば、商品を軸とした売上傾向と比較しながら、低単価の商品に流れているのか、あるいはプラス1品のような訴求が弱くなっているのか、といった視点で減少要因を絞り込んでいくことが可能になります。

もちろんビジネスの特性によっても異なりますが、**小売・サービス業における「客数」「客単価」は基本的なKPIとして不可欠な項目**になるでしょう。

もしも、強化すべき顧客属性や強化すべき主力商品が定まっているのであれば、その顧客属性、主力商品に関する項目をKPIとして加えていけば良いのです。

その時点で設定したKPIを向上するために立案する改善策（A）を実行するための計画（P）を作り込んで、それをスピーディーに実行（D）、評価する（C）という流れを作れば、短期間でPDCAサイクルを回していくことが可能になるでしょう。

(2)自動車販売会社のKPI

自動車販売会社は、自動車という商品特性上、詳細な顧客情報をベースにビジネスを展開しています。

既存客であれば、顧客が所有する自動車の使用年数、車検月といった情報は当然把握していますし、営業マンがフォローしていれば、自動車の状態、家族構成といった情報も収集しており、それらの情報に基づいて営業活動を行なっています。

一方、そうは言っても、既存客が他社へ離脱するケースも起こりますので、新規顧客の獲得も大切です。

その新規顧客獲得のKPIについて説明しましょう。


例えば、私のクライアント先のF社では、KPIに次の項目を設定しています。

①新規来店客数　：ショールームに来場した新規の顧客
②見込客数　：①のうち、アンケートに記入した人（住所、電話番号、氏名等の基本情報入手）
③HOT客数　：②のうち、購入希望車種が決定して試乗を実施した人
④A－HOT客数：③のうち、下取り車の査定を実施した人
⑤成約客数　：④のうち、購入決定した人

新規来店客数は新型車発売の有無で大きく増減しますが、そのうちどれだけの顧客情報を取得して見込客に移行できたかどうかは、その営業所、あるいは営業マンの営業力で変わります。

Ｆ社の場合、②／①の確率（アンケート回答率）は、上位店舗は約90％の数値になりますが、下位店舗は50％程度の数値になるケースがありました。

自動車は、高額な買い物ですから、「ここでは買わないな」と判断すると、アンケートの記入などしてくれないケースが出てくるのです。

事実、上位店舗と下位店舗の新規来店客に対する接客姿勢を確認すると、大きな差が出ていることが確認できました。

例えば、お客がショールームに入ってくる際のお迎えの仕方や挨拶の仕方、その後展開される会話の内容、アンケートを依頼するタイミング等々、上位店舗ではＫＰＩを上げるためのきめ細かい工夫が施されています。

こうして**下位店舗の新規顧客獲得がうまくいかない理由・改善すべきポイントは接客応対にあると早い段階で見極めて、対応することができる**わけです。

自動車販売会社のＫＰＩ

★目標：新規顧客獲得

ＫＰＩ１：新規来店客数

ＫＰＩ２：見込客数（＝アンケート記入数）

ＫＰＩ３：ＨＯＴ客数（＝試乗数）

ＫＰＩ４：Ａ－ＨＯＴ客数（＝下取り査定数）

ＫＰＩ５：成約客数

上位店舗では　ＫＰＩ２（見込客）／ＫＰＩ１（新規来店客）＝90%

下位店舗では　ＫＰＩ２／ＫＰＩ１＝50%

★上位店と下位店の差は何かを考える。

→接客姿勢の違いにあった！（お迎え、あいさつ、接客態度など）

＝

改善ポイント

ＫＰＩを通して改善ポイントに気づくことができ、早い段階での改善が期待できる

(3)専門商社のKPI

では、専門商社のようなＢｔｏＢビジネスではどうでしょうか。

どんな商品を取り扱っている商社でも、それなりに顧客管理はしています。顧客である取引先企業がその商品を年間どのぐらい購入しているか、そのうち自社の売上高はどのぐらいあるか、を把握すればインストアシェア（＝ＩＳＳ：取引先の全売上に占める自社商品の割合）が判明します。

自社の売上高の大小とＩＳＳの大小で四つの属性に分けることが可能になります（ここではわかりやすくするために四つで説明しますが、顧客数が多い場合は九つにした方が営業マンとしては動きやすいということもあるでしょう）。

①売上高大・ISS大：現在良好な関係を構築できている
②売上高大・ISS小：自社の売上は高いが、顧客の規模が大きく拡販余地も大きい
③売上高小・ISS大：顧客の規模は小さいが、自社が主要仕入先になっている
④売上高小・ISS小：自社の売上は低く、拡販余地も大きい

売上拡大を狙っているのであれば、ＩＳＳの小さな②、④の顧客に注力しなければならないのは明らかです。もちろん、①の顧客との良好な関係を維持する活動も必要です

専門商社のＫＰＩ

★目標：売上拡大

ＩＳＳ（インストアシェア）＝ 自社の売上高 ／ 取引先企業の年間購入額

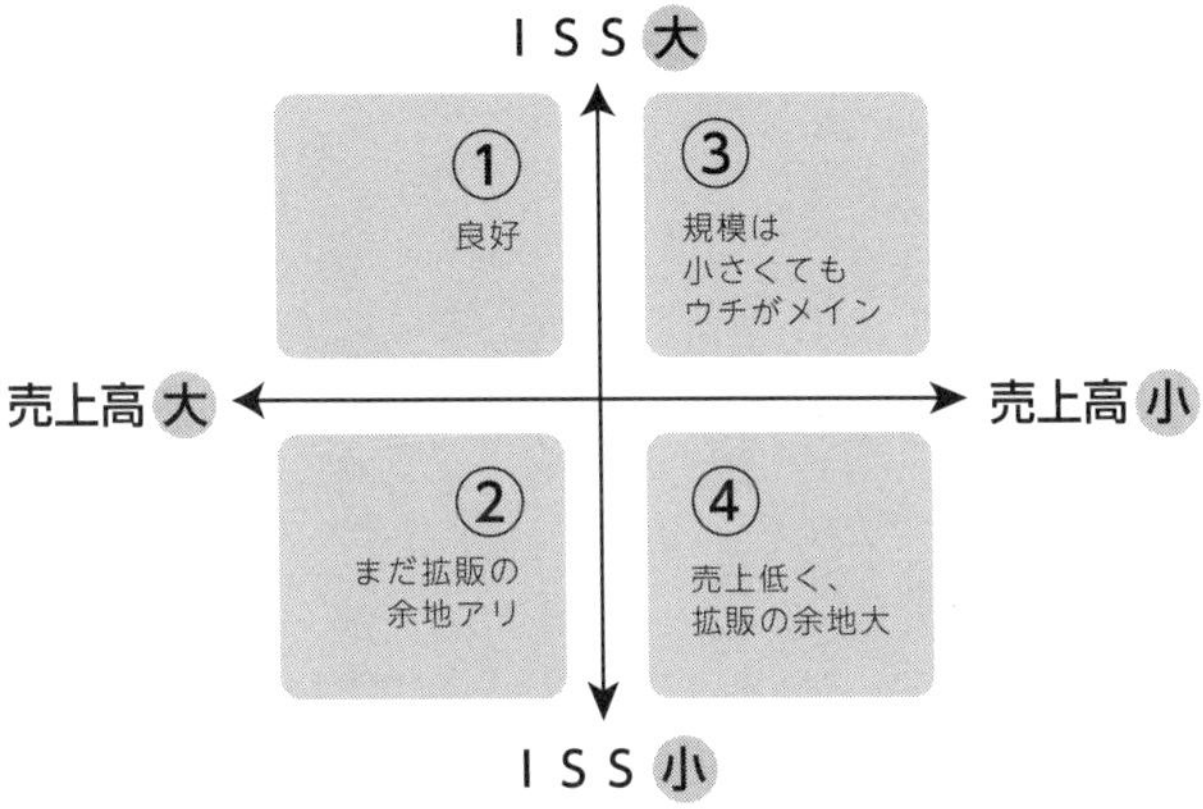

ＫＰＩ１：①～④の顧客数を把握→伸ばすべきは②と④と判明！

⇓

ＫＰＩ２：②・④および新規客との面談時間

が、②、④に対する拡販活動を優先した上で、いかに効率的かつ効果的に取り組んでいくかという視点が重要です。

このようなケースでは、どんなＫＰＩが考えられるでしょうか。

まず、**①～④それぞれの顧客数を知る**ことが重要です。

全社、部門、営業拠点、営業マン、それぞれの切り口で現状の数をしっかり把握することです。

もちろん①の数を増やしていくことが必要になりますが、そのためには②、④をランクアップさせる動きが不可欠だということがわかります。

一方で、ランクアップによって数が少なくなる可能性のある④の数を、新規開拓によって一定以上確保することも大切です。

よって、もう一つのＫＰＩは②、④、新規開拓、といった注力顧客に対する面談時間がベストでしょう。いまだ関係が希薄な注力顧客に対して、極力面談時間を増やしながら関係構築を図ることで、ＩＳＳ向上、新規取引開始を実現させていくわけです。

仮に目標に対する進捗が芳しくない場合、①～④のどの属性が悪いのかはすぐにわかります。

②、④を伸ばせていないのであれば、注力顧客面談時間が確保できているかどうかを確認し、不足しているのであればその要因を探った上で、障害を取り除く必要があります。もしも確保できているのであれば、現場での営業（商談）力が問題となっている可能性があるため、営業マンのスキル不足なのか、会社としての商品力なのかを明らかにして対応しなければなりません。

このように、**原因追究のルートをスピーディーに絞り込んでいけることが、ＫＰＩに求められる条件**なのです。

4

ステップ④ 成果に直結するＫＰＩとは？

数値設定が不可欠

３項の事例から、ＫＰＩの必要性について理解が深まったことだと思います。

しかしながら、**多くの企業で見られる実態は、正しいＫＰＩを設定できていない、つまり何のためにそのＫＰＩを追いかけているのかがわからない**ということです。

例えば、新規顧客開拓を強化するために、「新規訪問件数を１日５件以上」といった目標をＫＰＩとして管理しているようなケースが見られます。

業界全体が成長市場であれば悪くはないと思いますが、成熟市場や衰退市場では訪問数と成果が必ず比例するわけではありません。

なぜなら、自社にとっては新規であっても、すでに競合他社の既存顧客であるケースが高いため、ご挨拶程度の訪問を繰り返したところで、競合他社から奪い取るほどの信頼を獲得するのは難しいからです。

成果へのつながりが見えないＫＰＩはほとんど意味がありませんし、成果が出ないことが従業員のモチベーション低下を招いてしまうようではかえって逆効果です。

そもそもＫＰＩを設定すれば、その数字を追いかけて管理する必要が生まれます。数字としてアウトプットしなければならないということは、インプットが必要になるということです。

システムの導入や変更で追いかけることも可能ですが、多くの場合、現場の従業員が入力作業をしないことには、ＫＰＩはアウトプットできません。つまり、現場に相応の負担がかかるということになります。

自社のビジネスのキモを押さえる

だからこそ、成果につながるロジックを考え抜いたＫＰＩが必要なのです。

ロジックが明確なＫＰＩであれば、成果が出ない場合の原因追究（＝評価）をスピーディーに行なうことができるわけです。

例えば、売上を成果として捉えた場合、まず売上を上げるロジックを考えます。

前項でも出てきたように、客数を増やさなければならないのであれば、当然「客数」がＫＰＩということになります。

客数を増やすために、どんな方策を展開すれば良いでしょうか。

マクドナルドのようなファストフード業態であれば、「1日当たりのレジ通過客数を最大化する」といったＫＰＩも有効でしょう。

そのためには、特にピーク時（ランチ時間帯）にどれだけの客数に対応できるかがポイントとなり、「**注文から商品提供までを1分間で行なう**」といったＫＰＩも出てきます。

1分間で提供できれば、1レジ当たりピーク時に1時間で60組まで伸ばすことができますが、提供時間が30秒遅くなれば、1時間で40組になってしまうわけですから、1分間というＫＰＩはインパクトが大きいと言えるでしょう。

あるいはアパレルのような、顧客への説明を要する商品の多い業態では、「**販売員一人当たりの接客件数**」がＫＰＩとして考えられます。

おそらく販売員ごとに、接客件数が多い・少ない、売上が高い・低い、といった属性に分けられるはずなので、それを分析することで、売上を上げるために有効な方策が出せるようになるはずです。

世の中には様々なビジネスが存在しており、その全てをここで網羅することはできませんが、**どんなビジネスであってもどこが押さえどころなのか、という視点こそが重要**なのです。

どんなお客に対して、何を評価してもらうことが必要なのか。

そのお客を最大限増やしていくために、自社が意識すべきオペレーションはどの部分なのか。

これらを明らかにしていくために、「事実を正しく認識すること」が不可欠であり、「それをどう理解するべきか」を考え抜く必要があるのです。

○……KPIの数値が上がる＝会社の業績アップ

よく受ける質問の一つに、「自分の部署は直接お客さまと関わる業務ではないので、どうやってKPIを設定すれば良いのかがイメージできない」といったものがあります。

ここで、よく考えてみてください。

会社として出したい成果は、どんな部署であろうと大きく変わることはありません。

それは言うまでもなく売上であり、利益です。

例えば、直接顧客と接することがない企画系だとしても、**売上に直結する営業や販売と連携するのであれば、「どれだけ営業や販売の側面支援ができたのか」が、ＫＰＩのポイント**です。「企画ごとに平常時よりもどれだけ客数を伸ばせたか」といったことをＫＰＩに設定できるでしょう。

また、企画立案数や採用数などを、企画系部門のメンバーで競争することも大切です。企画部門でよく見られる光景が、過去の企画を参考にしながら同じような企画を実施するパターンや、企画の骨子部分から外注業者に丸投げするようなパターンですが、これらはＫＰＩ以前の問題で、部門の存在意義すら問われるところです。

営業や販売のサポートを行なっている業務系の部門であれば、営業マンや販売員が意識しているＫＰＩを同じレベルで意識しながら、サポートすることが大切です。

例えば、前項であげた専門商社のＫＰＩ事例として、注力顧客に対する面談時間がありましたが、それを増やすためには、注力顧客に入らない顧客に対する活動を効率化しなければなりません。

業務系部門がこれらの顧客に対して、電話やメールなどを活用しながら定期的な連絡をとることで取引が維持できれば、営業は大いに助かるのではないでしょうか。

そして業務部門では連絡件数、あるいはフォローするターゲットに対する連絡実施率をＫＰＩとして設定し、それらを最優先にしながらも、伝票処理のような社内業務を効率化すべく、処理件数をＫＰＩに設定する、といった工夫ができるはずです。

どんな部署であろうとも、自社のビジネス特性上、重要となるＫＰＩを認識した上で、そのＫＰＩの数値が上がるようにするためには、どんな役割を果たすべきなのかという視点で考える必要があります。

設定したＫＰＩを上げたにも関わらず、自社の業績は下がっているような状況では、そもそも、それをＫＰＩとは呼べませんし、モチベーションも上がりません。

設定しようとするＫＰＩが他の部門から見ても評価できるものなのか、コミュニケーションをとりながら決定することも大切ではないでしょうか。

第4章
「Check 改善策が見えてくる！ 評価の進め方」
のポイント

□ 評価できないのは、計画の作り込みが甘いから。とはいえ、この段階で計画の作り直しはできないため、ひとまずは現状の評価から始める

□ 目の前の課題・問題に対しては、正しい事実の認識と、それに基づく理解が必要

□ 早いタイミングで振り返りを行ない、先手先手で手を打っていけば、成果が出やすくなる

□ 適切なＫＰＩを設定すれば、スピーディーに原因を追究することができる

□ 成果につながらないＫＰＩは意味がないどころか、メンバーのモチベーションを下げかねない

□ ＫＰＩを考えるポイントは、自社のビジネスにとってどこが重要かを認識すること

第５章

Action

次の計画につなげるステップ

立てた計画を実行し、その結果・現状を評価し、次は評価で浮かび上がった問題・課題の改善を行なっていきます。

ここまできたらもう大丈夫……と思うなかれ、「やらなきゃいけない」とわかっていても、なかなか実行に移せないのが人間です。次の新たなＰＤＣＡサイクルにつなげるために、確実に改善を実現する方法を説明してまいります。

改善が実現できるかどうかの分かれ道は〝しがらみ〟

「本当はもっとこうすればいいのに……」をなくす

評価（C）の時点で確認した「進捗状況の良くない部分」を改善していく（A）、つまり悪いところを直して良くするわけですから、成果が出るのが当たり前だと思いませんか。

もちろん、ＰＤＣＡのマネジメントサイクルをきちんと回せている人は、成果を出している確率が圧倒的に高いという事実はあります。

一方で、一見回しているように見えているのに、なかなか成果に結びつかない状況に陥っている人もいます。

この**成果が出る、出ないの分かれ目が、〝しがらみ〟**なのです。

いったいどういうことなのか、もう少し詳しく説明しましょう。

ビジネスは、様々な人たちとの関係の中で進めていくものです。規模によって多少の違いはありますが、会社はいくつかの組織で成り立っており、部門間、上司、同期、部下と、社内の人間と関わりを持たなければ仕事は前に進みません。もちろん、取引先や一般消費者など、社外との関係も重要です。

当然、**円滑に仕事を進めていくためには関係者と良好な関係を構築しなければなりませんが、あまりにもそれを優先することによって、正しい改善が行なわれない**ケースが頻繁に起きているのです。

「本当はこうすればもっとお客さまに喜んでもらえるのに」

「本当はこうすればもっと効率良く仕事ができるはずなのに」

「本当はこうすればもっと売上が上がるのに」

どうでしょうか、思い当たる節がありませんか？

「本当はこうすれば」が何となく見えているにも関わらず、「他部門の意向とは合わないかも知れないから」「上司あるいは部下に受け入れられないかも知れないから」「現在の取引先との良好な関係を壊したくないから」といった理由で、**心の中では最適だとわかっている提案を、表に出せなかった**ような経験です。

事例⑤　カルロス・ゴーンが使命を全うできた理由

少し前の話になりますが、皆さんもよくご存知の日産自動車について思い出してみてください。

多額の有利子負債を抱える状況で経営危機に瀕していた日産自動車に、仏・ルノーはカルロス・ゴーン氏をトップとして送り込んできました。

数多くの書籍も出版されているので詳細には触れませんが、ゴーン氏がとてつもないスピードで**実践したのは、それまでの経営陣が「本当はこうすれば日産自動車はもっと良くなるのに」と考えていたこと**ではないでしょうか。

「何となく」感じたり、考えていたことにも関わらず、「これまで系列として協力してもらってきた下請け企業に無理な要求はできない」「地域に密着してたくさんの従業員に働いてもらっている工場を簡単に閉鎖することはできない」と変化を避けてきた結果、最終的にはいかんともしがたい状況に陥ってしまったわけです。

要するに、**様々な〝しがらみ〟でがんじがらめの状態だった**と言えるでしょう。

一方、ゴーン氏には、そのような〝しがらみ〟はありませんでした。

だから簡単だったなどとは全く思いませんし、あの大きな組織のベクトルを一つの方向に向けていくためには、とてつもない労力がかかったことでしょう。

日産自動車を復活させることこそが彼に課せられた使命であり、その使命を果たすためには、**過去の〝しがらみ〟よりも「今、本当にやらなければならないこと」を実行するべきであると考え、そこに注力した**からこそ、改善が果たせたのではないでしょうか。

ビジネスは、様々な人たちとの関わりの中で進められていくものだからこそ、必ず〝しがらみ〟が発生します。当たり前のPDCAマネジメントが最終的に回らなくなってしまう元凶が、この〝しがらみ〟にあるように思えてなりません。

だからこそ、**〝しがらみ〟からの脱却**が、改善ステップにおける最大のポイントになるのです。

1

何が改善を妨げているのか、理解しよう

○……人を縛る四つのしがらみ

〝しがらみ〟には、いくつかの種類があります。

具体的には、

- **評価制度による〝しがらみ〟**
- **組織構造による〝しがらみ〟**
- **習慣による〝しがらみ〟**
- **考え方による〝しがらみ〟**

などが挙げられます。

こんな風に言われても、あまりピンとこないかもしれませんので、具体例を挙げつつ説明してまいりましょう。

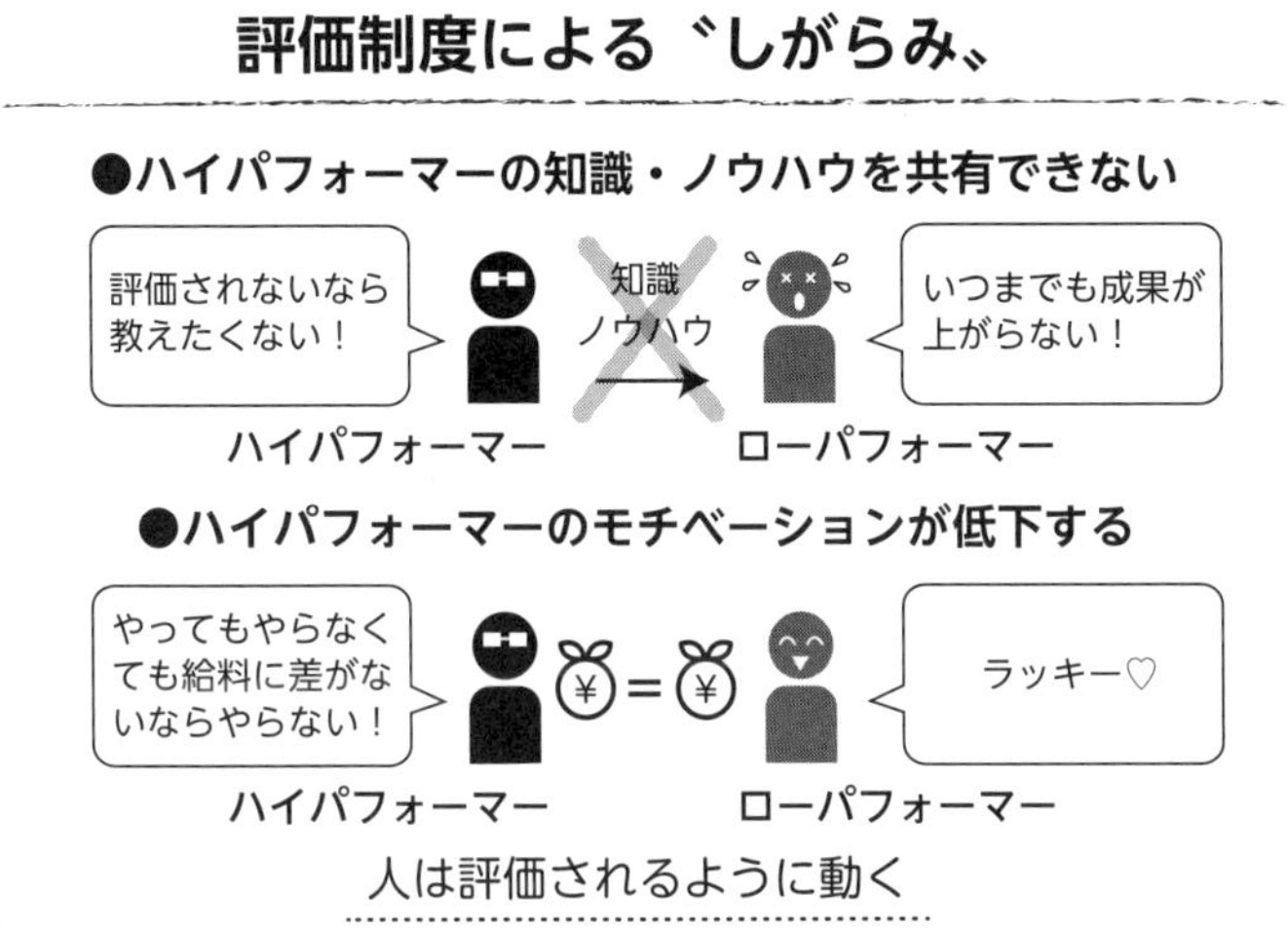
評価制度による〝しがらみ〟
●ハイパフォーマーの知識・ノウハウを共有できない
評価されないなら教えたくない！
知識
ノウハウ
いつまでも成果が上がらない！
ハイパフォーマー
ローパフォーマー
●ハイパフォーマーのモチベーションが低下する
やってもやらなくても給料に差がないならやらない！
¥
=
¥
ラッキー♡
ハイパフォーマー
ローパフォーマー
人は評価されるように動く

(1)評価制度による〝しがらみ〟

前提として押さえておかなければならないポイントは、第1章でもご説明した、人は「評価されるように動く」という事実です。

例えば、個々人の売上や利益といった実績を評価する仕組みを採用している組織では、高い業績を上げる従業員（ハイパフォーマー）が、経験の浅い従業員や、なかなか実績の上がらない従業員（ローパフォーマー）を教育する流れが断絶しているケースが目立ちます。

本来、組織全体の業績を最大化しようと考えた場合、ハイパフォーマーの持っている知識やノウハウを共有し、全員で実行することがもっとも近道のはずです。

つまり、**「本当は、ハイパフォーマーがローパフォーマーに教えることが望ましい」**とわかっているにも関わらず、**ハイパフォーマーが、ローパフォーマーの実績を上げたところで何のメリットもないのであれば、その取組は進まない**わけです。

一方で、ハイパフォーマーであろうがローパフォーマーであろうが、それほど給与に差が出ないような評価制度を採用している組織もあります。この場合、**「やってもやらなくても大して変わらないのであれば、やらない方が得」**だと考えるような従業員が出てきてしまいます。

本質的には、評価制度だけではなく、キャリア形成や昇進制度などが絡み合っているわけですが、従業員からもっとも見えやすいのが評価制度なのです。

(2)組織構造による〝しがらみ〟

企業規模にもよりますが、組織は開発、生産、営業、管理、といった機能ごとに成り立っている場合がほとんどです。

〝タテ割りの弊害〟といった言葉で表現されることもあるように、**業績が悪くなってくると、他部門の責任にしてしまいたくなる**ようです。

組織構造による〝しがらみ〟

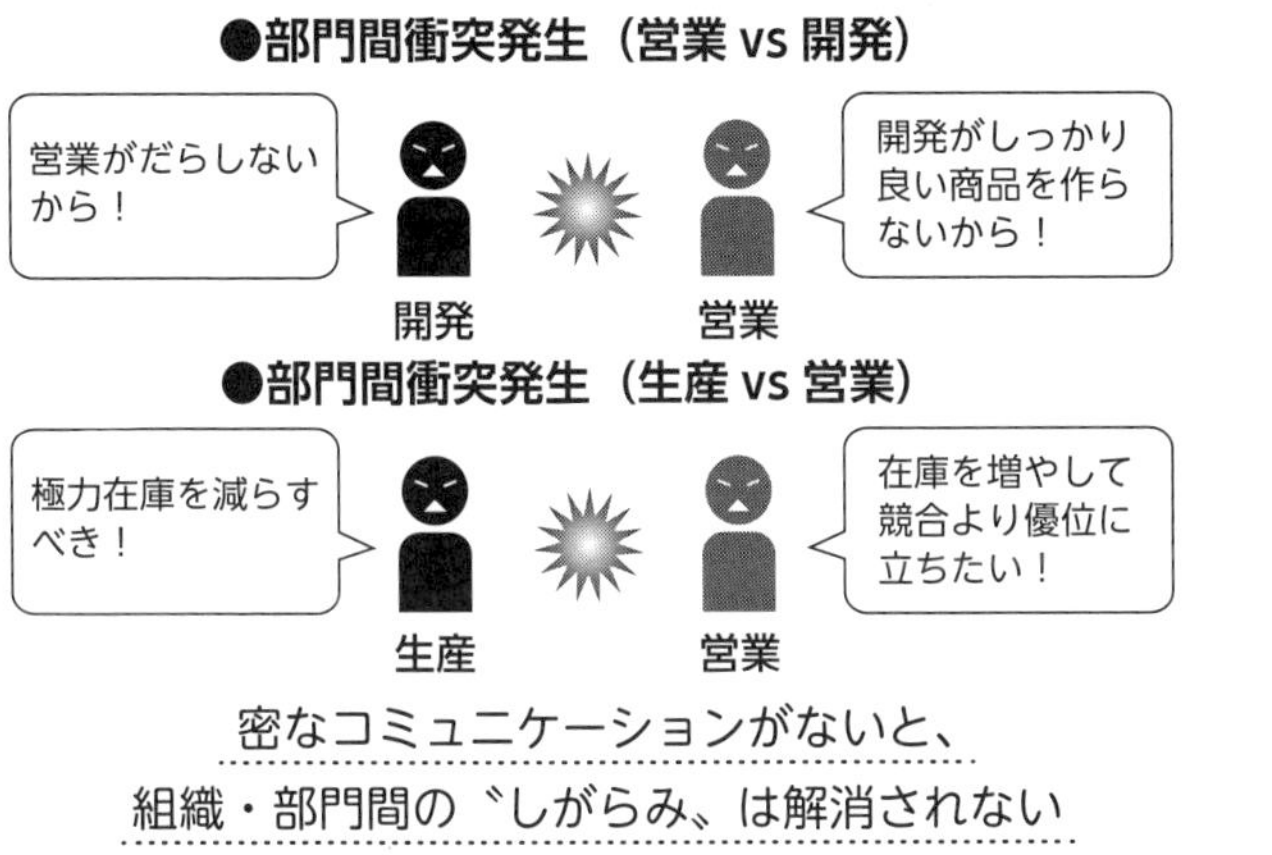
●部門間衝突発生（営業 vs 開発）
営業がだらしないから！
開発
開発がしっかり良い商品を作らないから！
営業
●部門間衝突発生（生産 vs 営業）
極力在庫を減らすべき！
生産
在庫を増やして競合より優位に立ちたい！
営業
密なコミュニケーションがないと、
組織・部門間の〝しがらみ〟は解消されない

開発部門は、「営業がだらしないから売上が上がらない」と思っていますが、営業部門は、「開発の方でもっと良い製品を出してもらわないと、売上が上がらない」と思っています。

生産部門は、「極力在庫を減らして効率化する必要がある」と思っていますが、営業部門は「もっと在庫を増やして納品のリードタイムで競合企業に対して優位に立ちたい」と思っています。

購買部門は、「仕入れや外注に関してはできる限り安い価格であるべき」と思っていますが、実際に活用する部門は「安かろう悪かろうではなく、クオリティの高いところに依頼したい」と思っています。

そもそも、組織にはそれぞれの役割があるわけですから、密なコミュニケーションをとることが大切です。**積極的に部門の壁を超えてコミュニケーションをとらなければ、組織構造の〝しがらみ〟がいつまでも解決されない**のです。

(3) 習慣による〝しがらみ〟

「自分の仕事のやり方や進め方が悪い」とわかっていながら続けている人はいません。

しかも、仕事のやり方や進め方というのは、従業員が考え出したものというよりも、その会社が以前からやっていることを、マニュアル化などしながら引き継いでいるケースがほとんどです。よって、**習慣化した仕事のやり方が良くないなどとは思いもよらないわけです。**

ところが、導入する際には「こうあるべき」という考え方で作られたルールやマニュアルも、経済環境や組織の拡大もしくは縮小といった変化に応じて、変えていかなければならない部分が多々出てきます。

意思決定をする際のルール、方針や方策を伝達する際のルール、会社として蓄積すべき情報、部門や担当者ごとの役割分担、仕入先の評価、給与・評価制度等々、あらゆる

習慣による〝しがらみ〟

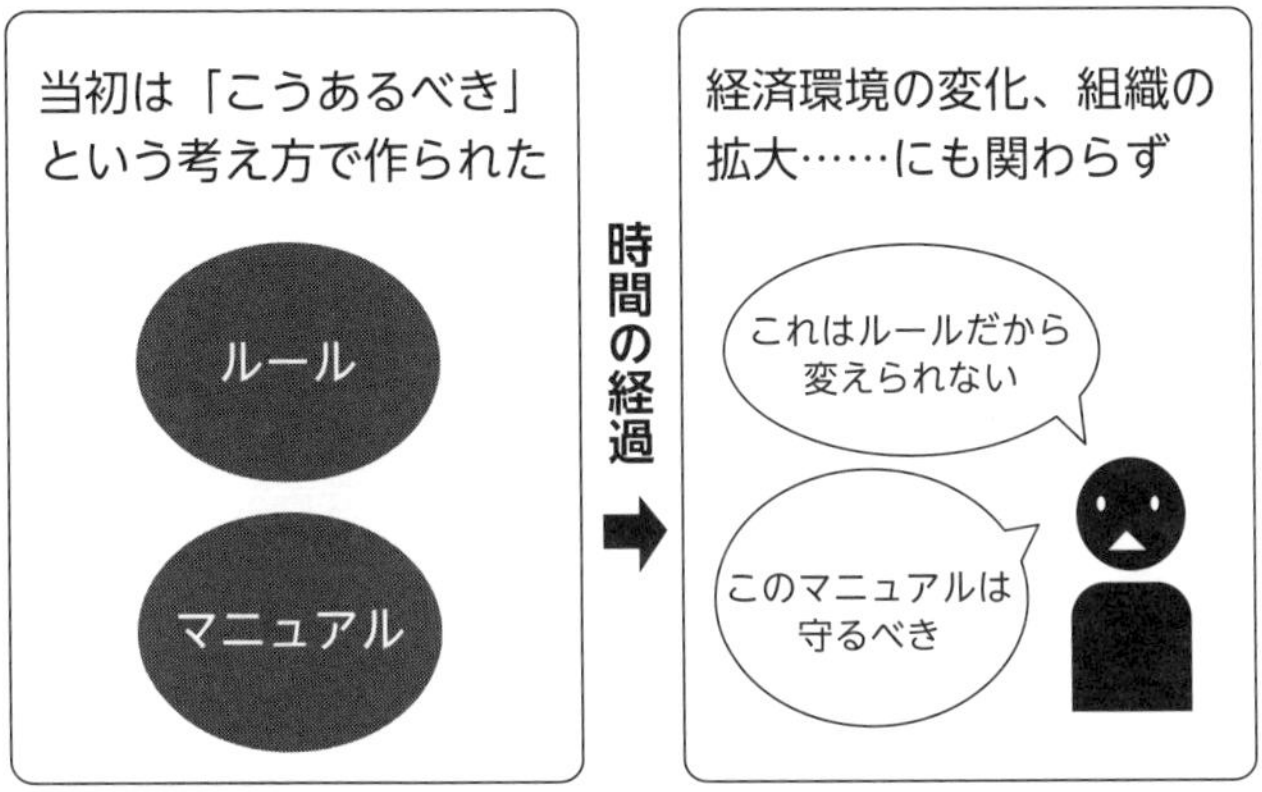
当初は「こうあるべき」という考え方で作られた
ルール
マニュアル
時間の経過
経済環境の変化、組織の拡大……にも関わらず
これはルールだから変えられない
このマニュアルは守るべき

マニュアルなどは便利な反面、
従業員の「自ら考える力」を奪ってしまう

業務が見直しの対象になるわけです。

にも関わらず、多くの現場担当者は、「これはルールだから変えられない」「このマニュアルに則って進めなければならない」、とこれまでの習慣にとらわれてしまう傾向があります。

つまり、**「本来どうあるべきなのか」といったことを考えることすらしなくなってしまう**ということです。

マニュアルのような類のものを作成することは、組織にとって非常に便利である一方で、従業員の「自ら考える」力を奪ってしまうことにもつながるようです。

(4) 考え方による〝しがらみ〟

仕事柄、様々な業種・業界の方々が集まる場で講演をさせていただくことがあります。講演が終了した際に名刺交換をしながらよく耳にするコメントに、「今日のお話は大変参考になりましたが、ウチの業界は特別だから、なかなかそのとおりにはいかないんですよ」というものがあります。

仰っている意味も背景も十分理解はできますが、このような**自らのうちにある〝思い込み〟こそが、考え方の〝しがらみ〟**です。

あえて言わせてもらうならば、「特別な業界などない」ですし、「どんな業界であれ特別」なのです。

最近だと、「ゆとり世代は」という枕詞で括った上で、「何を考えているのかわからない」「精神的に弱く、粘りがない」といったコメントを様々なところから聞かされます。話題としては面白いですが、これも〝思い込み〟の一種です。

筆者も現在はいい歳になりましたが、同世代が就職した1990年代前半には、「新人類は」という枕詞で括られ、同じように「何を考えているのかわからない」などと言われていたような記憶があります。

考え方による〝しがらみ〟

自分の中にある〝思い込み〟にとらわれると、
改善のスタートにすら立てない

このような考え方の〝しがらみ〟にとらわれてしまうと、「だから難しい」「だからできない」と、**本当はそこに因果関係など成立しないのに、あたかも成立してしまうような錯覚を起こしてしまい、改善のスタートにすら立てなくなってしまいます。**

これらの〝しがらみ〟については、多くの方がそれにとらわれていることにすら気づいていない、あるいは気づいていても諦めてしまっていることが問題です。

まず、自ら気づくこと、そして、改善すべきことを洗い出すこと、を意識してもらいたいと思います。

2

会議を活用してメンバーを巻き込む！

しがらみ打破のためのコミュニケーション

さて、これまでに述べてきた〝しがらみ〟を打破して、本当の意味で「改善」を進めるには、**周囲のメンバーを巻き込むことが必要不可欠です。そのためには、会議を有効活用することがもっとも手っ取り早い手段**だと言えるでしょう。

ところで、皆さんの会社の会議は有効に機能しているでしょうか。

というのも、多くの企業からよくこんな声を聞くのです。

「ウチの会社は無駄な会議が多すぎます」

「会議の時間が無意味に長いのですが、どうにかならないでしょうか」

「会議の資料を準備するのに、相当な時間がかかっています」

「会議の時間分仕事をしている方が、余程収益が上がると思います」
「発言しても何が変わるわけでもないので、終始沈黙を守っています」
「火の粉が降りかかってこないように、全員顔を上げないようにしています」

私自身が実際に全ての会議に出たわけではありませんが、多かれ少なかれ、会議がこのような実態であることはどうやら事実のようです。

現に、会議をテーマにしたビジネス書が多数発刊されていることからも、多くの企業の課題になっていることをうかがい知ることができます。

○……会議五悪

〝会議五悪〟という言葉をご存知でしょうか。

①「会せず」
②「会して議せず」
③「議して決せず」
④「決して実行せず」
⑤「実行して責を取らず」

会議五悪

①会せず…メンバーがきちんと集まらない
②会して議せず…議論をすることなく、一方的な通達のみの状態
③議して決せず…議論はするが、結論が出ない
④決して実行せず…出た結論を実行しない
⑤実行して責を取らず…「とりあえずやればいい」という意識で、責任が伴わない

こんな会議なら、やらない方がマシ！

こんな会議だったらやらない方が良い、という教訓がこもった言葉です。

①**「会せず」**とは、そもそも招集されているメンバー全員が集まらなかったり、あるいは決められた開始時刻に集まらなかったりする状況を指しています。

②**「会して議せず」**とは、せっかく会議の場に集まっているにも関わらず、ほとんど議論が交わされることなく、上司からの一方的な通達で終わってしまうような状況。

③**「議して決せず」**とは、それなりに議論は交わされているのだけれども、最終的な結論に到達することなく、うやむやに終わってしまうような状況。

④**「決して実行せず」**とは、きちんと結

論まで出しているにも関わらず、誰が実行するのかを明確にしていなかったり、実行すべき担当が何も進めないような状況。

⑤**「実行して責を取らず」**とは、一応「やるべきことはやろう」というところまではいっているのに、そこに責任が伴っておらず、「とりあえずやればいいんでしょ」という意識で進められてしまうような状況です。

あれこれテーマを詰め込まない

確かに、こういった状況であればやらない方が良いということになると思いますが、では、一体どうすれば良いのでしょうか。

まず**大切なことは、会議の目的**です。そんなこと当たり前だと思われる方もいるかも知れませんが、「せっかく集まる機会なのだから、アレもコレも」と様々な目的の議題を盛り込んでいるケースが実は大変多くなっています。

会議の目的としては、「方針伝達」「現状把握」「情報共有」「問題抽出」「問題解決」「企画立案」等々、その時々の会社の状況に応じたものが考えられます。

「方針伝達」や「現状把握」あるいは「情報共有」といった内容であれば、従来の会議の中でも十分に目的は果たせるかと思います。というか、もともと多くの会議はこれらが目的になっていると言っても過言ではないでしょう。

一方、「問題抽出」「問題解決」「企画立案」といった内容に関しては、会議に参加しているメンバーの知恵を結集して結論を導き出す必要があります。

「本当に解決すべき真の問題は何なのか」

「その真の問題を解決するために必要なことは何なのか」

「やるべき方策や企画をどうやって実行していくのか」

このような**テーマを設定し、議論を尽くした上で意思決定を行なわない限り、仮に何かを決めたとしても実行には至らないケースがほとんど**なのです。

意見が出尽くしたという状況をつくれない従来の定例会議のような場で、結論ありきのような手法をとっても、参加者の納得が得られていないのであれば、何も変化は起こらない、というのはすでにどんな会社でも経験していることではないでしょうか。

○……会議とは、理解と納得を得る場

「改善」を前に進めるためには、以下の障害を克服することが必要不可欠です。

①取り組もうとする問題が、もっとも重要な問題だと思えない
②問題を解決しようとするやり方に合意できない
③その解決方法で問題が解決するイメージが湧かない
④その解決方法で進めた場合に、組織にマイナスの影響が生じる恐れがある
⑤超えるべき障害が多々あるので、その解決方法は頓挫してしまう
⑥過去に成功した体験がないので、何となく気後れしてしまう

「人は、理解、納得しなければ動かない」というフレーズはよく耳にすると思いますし、自分自身に照らし合わせても思い当たる節があるでしょう。

〝理解〟というのは、理屈としてわかるということであり、具体的には「なるほど」という言葉が出てこなければなりません。〝納得〟というのは、「自分たちでもやれそうだ」、「ぜひやってみたい」という言葉が出てくることではないかと思います。この**「なるほど」「やれそうだ」を引き出すためには、議論を尽くす会議の場が不可欠**なのです。

よって、会議の目的に応じて、そのために必要と思われる時間を確保することが第一に必要です。合わせて、議論を尽くす場にするための参加メンバー選定、進行方法、といった部分にもっと工夫を凝らすことを考えて実践しましょう。

3 形状記憶組織からの脱却

長年の習慣を変えるには大きなストレスがかかる

「人は、理解、納得しなければ動かない」と言いましたが、「改善」を確かなものにするためには、動き続けなければなりません。

ところが、人に「三日坊主」という言葉があるように、**組織にも「形状記憶組織」という言葉があり、成果が出なければすぐに元に戻ってしまう**傾向にあります。

人も組織も、もともと取っていた行動（＝習慣）を変えるには、大きなストレスがかかります。そのストレスに耐えるためには、**早い段階での成果が必要**になるのです。

ダイエットがなかなか成功しないのも、苦しいことを実行している割には、求める成果が短期間に出ないことが要因としてありますが、それと同様のことが組織に関しても言えるわけです。

特に挨拶や、第1・3章でご紹介した5S（整理、整頓、清掃、清潔、躾）といった、組織としてのそもそもの基本すら徹底できない組織は、形状記憶組織の傾向が強いと考えて間違いはないでしょう。

挨拶にしても、5Sにしても、それが徹底されていた方が良いというのは、誰もがわかっていることです。それにも関わらずできていない組織は、**「本当は良いと思ったことでも徹底できない」体質**なのです。

例えばこんな光景を見たことがありませんか？

複数の企業が入っているオフィスビルなどに行くと、決まって常駐している警備員の方がいます。朝の出勤時、警備員の方が「おはようございます」と挨拶をする傍らで、そのオフィスに勤めている会社員の皆さんのほとんどが、挨拶をすることもなく素通りしていきます。

恐らく大半の人が、子どもの頃から「きちんとした挨拶」を躾けられていますし、自分の子どもには「きちんとした挨拶」を躾けています。

そう考えると、とても子どもたちには見せられない、残念な光景と言えますが、それを「残念だ」と感じない大人がいるのも現実なのです。

たかが挨拶、たかが5S、と思うかも知れませんが、挨拶と5Sのレベルの高い企業は、すべからく業績が良い、というのも、私自身たくさんの企業を見てきた経験から言えることの一つです。

もしもできていないようであれば、まず挨拶、5Sを徹底してください。

○……人は早い段階での成果を求めがち

では、早い段階の成果に話を戻しましょう。

どうしても、成果というと目に見える大きな成果を求めてしまうのが組織の常です。ところが、当然そこに到達するまでには時間がかかるわけで、「時間がかかりすぎて評価されない」となると、たちまち改善は滞ってしまうのです。

よって、**勝負のポイントを、できる限り細かく設定することが大切**です。

1年間かけての成果、あるいは半年かけての成果は、もちろん目標として捉えておく必要があります。

一方で、**1カ月間の成果、1週間の成果、今日1日の成果をどう捉えるかを考え、その成果が出ていることを共有すること**こそが、改善においては重要になります。

売上や利益といった結果の指標よりも、そのために必要な行動に着目すれば難しい話ではありません。

例えば、どんな組織にも適用できる指標として、報連相（報告、連絡、相談）の回数があります。

一般的に、報連相は部下から上司にすべきものとされていますが、ここでいう報連相は、上司から部下にすべきものとしています。「改善」の進捗度合いについて、上司自身が思っていること、考えていることを日々部下に報連相するわけです。

短期間で見える成果がなかなかイメージできない場合でも、この報連相の回数を追いかけて密なコミュニケーションをとることで、「何を成果と考えれば良いのか」が見えてくるのです。

せっかく「改善」すべきことを見出したとしても、形状記憶組織で元に戻ってしまっては何の意味もありません。

組織の持つクセを念頭に置いて、動きを止めないようにしましょう。

4

チームの基礎力アップで改善スピードがグンと上がる

そもそもの原因はリーダーにあった！

「挨拶や5Sが大切なのは十分にわかっているのですが、直接的に業績につながるイメージが持てないからなのか、皆、続かないんですよね」

このようなリーダーのコメントは、これまでにもたくさん聞いてきました。

しかし、よくよく話を聞いてみると、**続かない理由はメンバーではなくリーダー自身にある**ことがほとんどです。

「あまりうるさく言っても、面倒だと思われるかも知れない」

「挨拶・5Sより、業績に直結することを徹底してもらっていれば、大きな問題はない」

リーダーがそのような考えを持ってしまうと、形状記憶しているチームはあっという間に元の木阿弥に戻ってしまいます。

改善を進めていけるチームにするためには、**組織として動くチームの基礎力をどんどん高めていかなければなりません。**

チームの基礎力とは、わかりやすく言うと「このチームではここまでが当たり前にできる」というレベルのことです。例えば小学生の野球では「ボールは胸の前で受ける」という基礎中の基礎を教わりますが、プロ野球の選手はボールの受け方などを教わることはありません。体格はもちろん、持っている野球の技術のレベルが違うわけですから、当たり前のことです。

仕事に対しても、同じことが言えます。挨拶、5Sが徹底できるよう、日々頑張らなければならないチームと、そんなことはごく当たり前のこととして高いレベルで実践できているチームを比較すれば、チーム力の差は歴然としていると思いませんか。

改善を実行する力は、チームの基礎力から生まれるのです。

「当たり前」のレベルの違い

もう10年以上前になりますが、高校野球の監督をされていて、何度も優勝を経験し、名将と呼ばれているy監督の講演を聞いたときのお話をしましょう。

当時も、夏の甲子園を制覇した直後で、y監督は次のような話をされていました。夏の甲子園、県予選での話です。確か、準々決勝か、あるいは準決勝の試合だったと思いますが、その試合は接戦で延長戦に突入しました。

最終的にはサヨナラ勝ちを収めたのですが、最後のワンプレーは、ホームに突入する走者に外野からの送球が当たり、ホームインというものでした。傍から見ると、良い送球であればアウトになっていたかも知れない、危ないタイミングだったのです。

試合後のインタビューで、「監督、最後のシーンは非常にラッキーでしたが、試合を振り返ってみていかがでしょうか」といった質問が相次ぎました。

それに対して、監督は「運が味方してくれたんでしょうね」と返答したそうですが、講演では「実は……」とその裏に隠された事実を聞くことができました。

y監督は、なんと「**あれは狙ったもので、運などではない**」と言うのです。

日々の練習の中で、この試合と同じく、「外野からの返球次第ではアウトかセーフか微妙」という状況を設定し、ランナーはバックホームされる送球を追うキャッチャーの動きや目線を確認しながら、送球に当たってホームインを狙う、それを普段から〝当たり前〟にやっていたそうです。

だから、その試合のサヨナラの場面でも、レフトに打球が飛んだ瞬間、ベンチで見守る監督や選手、2塁ランナー、3塁コーチ、全ての人がいつもの練習を思い出して、3塁コーチは迷うことなく手を回し、2塁ランナーも迷うことなくホームに突入しようと3塁を駆け抜ける、もちろん自分の走る線上に送球が返ってきそうであれば当たることを意識しながらと、決して**「運ではなく、当然のことをしたまで」**だったのです。

この講演を聞いて、「どんなことが〝当たり前〟のこととして浸透しているのか」が、チームのレベルを高める上では不可欠だということを感じました。

「〝当たり前〟のことが〝当たり前〟にできる」「基本を徹底する」。

このような話を様々なところで耳にしますが、**そもそもその〝当たり前〟や〝基本〟のレベルを高めていくことが重要**なのです。

周囲が、「それはなかなか難しい」「それはレベルが高い」と感じるようなことまでを〝当たり前〟にしてしまえば、どこにも負けない、強いチームになるわけです。

そのためにも、まずは誰もが〝当たり前〟だと思うことを徹底する、リーダー自身がそこにこだわってもらいたいと思います。

5 PDCAは改善で終わりではない

○……また新たな計画（P）が始まる

ここまで読んでいただいたのであれば、十分理解されていることだと思うのですが、PDCAは、そのサイクルを回し続けることこそが重要です。

よって、それぞれのステップにおいて、そのサイクルを回し続けることを阻害するような障害を克服する必要があり、これまでひたすらその説明をしてまいりました。

つまり、改善は「終わり」ではありません。

継続的に改善し続ける動きを〝当たり前〟のこととして続けることこそが、PDCAマネジメントがうまく回っているということになるのです。

ビジネスにおいて、「全く問題がない」などという状況は決してあり得ません。

たとえ目標を達成しているような企業であっても、必ず何らかの問題を抱えていますし、目標を達成していない企業は、たくさんの問題を抱えていることでしょう。

「全く問題がない」といったコメントが出てくるような場合は、そのコメントを発していること自体が、そもそも問題だと言っても良いくらいです。

より良い未来をつくるには、ひたすら改善あるのみ

仮に、飲食店のオーナーとして起業、独立した場合を考えてみてください。

最初は固定客もいないわけですから、とりあえずお客に来てもらうこと、つまり「集客」が最大の課題です。様々な手を尽くして、一人でも多くの人に来店していただこうと努力することが必要でしょう。

努力が実を結び、来店してくれたお客に対しては、「本当にありがたい」という気持ちでおもてなしするのではないでしょうか。

当然、顧客満足度は高くなるはずです。

そのおもてなしに満足した人は、リピーターになってくれたり、別のお客を紹介してくれたりしますから、徐々に「お得意様」は増えていきます。

だんだん客数が増えてきて繁盛店になってくると、客席回転率を上げた方がより利益が出ますから、今度は業務のスピードアップが最大の課題になります。

開店当初のように、ゆっくりともてなすことは当然できなくなりますし、結果として、お客を機械的にさばかざるをえません。

すると、どうなるでしょうか。

開店当初のおもてなしを期待していたお客の足は遠のいていく可能性もあります。

一度来店してリピーターになってもらえる確率も低くなるかも知れません。

その結果、客数が低下していくようであれば、再び「集客」が課題となりますし、そもそもどんなコンセプト（おもてなし重視ｏｒスピード重視など）で営業していくことが大切なのかを再考する必要があるとも言えるでしょう。

つまり、**ＰＤＣＡの流れで目標を達成したとしても、常に新しい課題に向き合いながら継続的にＰＤＣＡを回していくことで、持続的な成長が可能になる**のです。

ぜひとも、以下のように理解してください。

改善のステップにきたとき、すぐに実行に移せるような改善であれば、Ｐ↓Ｄ↓Ｃ↓

A↓Dという流れになります。その改善策を実行するための計画を新たに検討しなければならない場合は、P↓D↓C↓A↓Pという流れが必要になります。

決して難しく考えることはありません。

ビジネスにおいてはそもそも**成果を出すことが求められているわけですから、そこに向かってやるべきことをシンプルに考えてください。**

その手段として、上手にPDCAマネジメントを活用してもらいたいと思います。

第5章
「Action 次の計画につなげるステップ」のポイント

□ しがらみに縛られて改善策を実行できないと、いつまでたっても成果は出ない

□ 改善を妨げる〝しがらみ〟は、評価制度、組織構造、習慣、考え方の四つ。これらに縛られないよう、常に意識しておく

□ しがらみにとらわれず、改善を進めるには会議の有効活用が一番。ただし、「何のために会議を開くのか」は常に忘れないようにする

□ 組織も、短期間で成果が出ないものに対しては否定的になる。成果の見極めポイントを日々の細かなレベルにまで落とし込めば、現状の打破につながる

□ チームの基礎力が上がれば、改善も進む！　当たり前のことを当たり前にできるチームを目指そう

□ 改善で「終わり」ではない。継続的に改善し続けること＝ＰＤＣＡサイクルが回っている状態であり、持続的な成長が見込める

【著者紹介】

川原 慎也（かわはら・しんや）

◎―船井総合研究所、シニアコンサルタント。
◎―福岡県出身。外資系自動車メーカーにて営業、マーケティングなどを経験したのち、1998年船井総合研究所に入社。年商1兆円以上の大手企業から社員3名の零細企業に至るまで、企業規模や業種業態を問わず幅広くコンサルティングを行なっている。
◎―クライアント企業の本質的な課題に切り込み、社員を巻き込みながら変革させていくコンサルティングスタイルに定評があり、特に組織変革や社風改革といったテーマに強い。経営層へのヒアリングだけでなく、課題・問題を抱える現場には必ずおもむくなど、リーダー・マネジャーとの対話を重視している。現場の意見を反映させたアドバイスは、「ピッタリの解決策が見つかった」「今までの思い込みから脱却できた」と顧問先からの信頼も厚い。
◎―著書に『絶対に断れない営業提案』（共著、中経出版）がある。

《お問い合わせ先》
船井総合研究所　無料経営相談窓口　0120-958-270（平日10：00～18：00）
《ホームページ》
「経営企画室．com」　http://www.keieikikaku-shitsu.com/

※本書の内容は2012年7月現在のものです。
※文中に記載の商品名、サービス名などは各社の商標または登録商標です。原則として「TM」「®」マークは明記していません。

これだけ！ PDCA

2012年7月25日　第1刷発行
2014年8月12日　第21刷発行

著　者　川原 慎也
発行者　八谷 智範
発行所　株式会社すばる舎リンケージ
〒170-0013　東京都豊島区東池袋3-9-7 東池袋織本ビル1階
TEL 03-6907-7827
FAX 03-6907-7877
http://www.subarusya-linkage.jp
発売元　株式会社すばる舎
〒170-0013　東京都豊島区東池袋3-9-7 東池袋織本ビル
TEL 03-3981-8651（代表）
03-3981-0767（営業部直通）
振替00140-7-116563
印　刷　ベクトル印刷株式会社

ISBN978-4-7991-0130-8 C0030